문학과지성 시인선 428

육체쇼와 전집

황병승 시집

문학과지성사

문학과지성사에서 펴낸 황병승의 시집

트랙과 들판의 별(2007)
여장남자 시코쿠(2012, 시인선 R)

문학과지성 시인선 428
육체쇼와 전집

초판　1쇄 발행　2013년 5월 10일
초판 10쇄 발행　2025년 6월 13일

지 은 이　황병승
펴 낸 이　이광호
펴 낸 곳　㈜문학과지성사
등록번호　제1993-000098호
주　　　소　04034 서울 마포구 잔다리로7길 18(서교동 377-20)
전　　　화　02)338-7224
팩　　　스　02)323-4180(편집)　02)338-7221(영업)
전자우편　moonji@moonji.com
홈페이지　www.moonji.com

ⓒ 황병승, 2013. Printed in Seoul, Korea

ISBN 978-89-320-2407-3 03810

이 책의 판권은 지은이와 ㈜문학과지성사에 있습니다.
양측의 서면 동의 없는 무단 전재 및 복제를 금합니다.

문학과지성 시인선 428
육체쇼와 전집

황병승

2013

시인의 말

어떤 밤에 우리는

연필의 검은 심을 모질게 깎고

이 고독한 밤을 바꿀 수만 있다면
이 고독한 밤을 바꿀 수만 있다면

서로의 얼굴을 백지 위에 갉작 갉작 그려 넣으며

납득이 가지 않는 페이지는 찢었다

2013년 5월
황병승

육체쇼와 전집

차례

시인의 말

벌거벗은 포도송이　9
오징어자수(刺繡)　14
톱 연주를 듣는 밤　16
병 속의 좀길앞잡이　21
보람 없는 날들　24
다이아―몬드다　30
굴속의 연인　32
도둑키스　34
Cul de Sac　37
모래밭에 던져진 당신의 반지가 태양 아래 C, 노래하듯이　44
쥐가 있던 피크닉 자리　46
육체쇼와 전집　50
강은아와 은반지　55
아름답고 멋지고 열등한　58
애정을――그리고 동시에――또 그 가운데　60
자수정　64
부식철판(腐蝕凸版)　66
솜브레로의 잠벌레　69
가려워진 등짝　76
티셔츠 속의 젖을 쓰다듬다가　78

잼버리　82
카덴차에 이은 긴 트릴　84
호두 없는 다람쥐처럼　88
쓴맛을 알게 되기까지　90
모터와 사이클　95
황소달리기 축제　98
소행성을 지나는 늙은 선로공　102
추모식 날에　103
목책 속의 더미dummy들　104
세상의 멸망과 노르웨이의 정서　106
천사의 집——멧돼지 사냥　115
블루스 하우스　120
당나귀와 아내　122
스무살의 침대　126
塵塵塵　127
목마른말로(末路) 1　132
목마른말로 2　135
앙각 쇼트　139
방과 후　140
신scene과 함께 여기까지 왔다　142
갈색 글러브　150
모든 진흙과 윤활유가 진실을 끌어당기는군　153
가죽과 이빨　158
앙상블　160
커튼 뒤에서　162
내일은 프로　164

해설 | 실패의 성자 · 황현산　180

밤비와 쿤에게

벌거벗은 포도송이

 그녀는 위대한 배우였지만 사랑에 번번이 실패하는 불행한 여자에 불과했다
 흑백의 필름 속에서 울고 웃고 노래하는 그녀의 모습을 보고 있노라면, 오랜 세월 버려진 한 늙은 여자의 침실 풍경이 떠오르곤 했다 굳게 닫힌 유리창과 얼어붙은 커튼 자락, 얼룩진 거울과 침대 위에 켜켜이 쌓인 이상하리만치 소중해 보이는 먼지들 그리고 난데없이 떠오르는 헨리 8세식의, 금방이라도 무너져 내릴 듯한 벽난로……

 나는 나쁘지 않다고 생각했다, 대부분의 인사들이 자신의 과거를 털고 닦고 정돈한 뒤에 '자, 지금부터 보시는 것은'으로 시작하는 전시를 하고, 이런 식의 박물관 투어를 하며 우리의 패키지는 얼마나 지루하게 반복되고 또 늙어가는 것일까 타는 향을 즐기기 위해 장작 대용으로 썼다는 고대 영국의 검은 빵처럼, 쏟아지는 빗물과 먼지와 바람과 햇빛 속에서 구워진 여자, 세상을 떠나기 전까지 가족과 연인으로부터 버

림받아야 했고, 온갖 소송과 추문 속에서 울고 웃고 춤추고 노래했던 여자

*

그는 한 시대를 풍미했던 록 밴드의 보컬이자 뛰어난 기타리스트였지만, 알코올과 약물에 의존하는 가엾은 소년에 불과했다

빽빽한 공연 일정에 맞춰 비행기와 보트, 전용 리무진을 타고 이동하는 동안의 그는 언제나 취해 있었고, 십대부터 이십대 후반의 그루피들이 유령에 홀린 사람들처럼 그의 주변을 맴돌았다 그리고 누군가 때에 절은 차창에 미지근한 입김을 불어 써놓은 손글씨,

너덜란드

미국과 영국 프랑스 독일을 거쳐 그의 마지막 공연장이 될 종착역, 유럽 북서부의 입헌군주제 국가, 튤

립과 풍차의 나라……

  나는 나쁘지 않다고 생각했다. 죽어가는 왕들과 신음하는 왕실의 미래 몰락 속에서, 몰락의 고통을 잊기 위해 온 집안이 취해 있었고, 서로가 그것을 묵인했다는 것, 번영의 시간보다 몰락의 시간이 너덜란드를 더욱 치명적으로 아름답게 만들었다는 것, 병들어 죽어가는 연인들이 서로의 차가운 몸을 부둥켜안고 열정적으로 주고받았을 질문과 대답처럼…… 마치 이 모든 게 구름과 같다고 생각하면서, 이 모든 게 첨탑을 지나는 구름과 같다고 생각하면서

*

  기차를 타고 헤이트hate 시(市)에서 헤이트 시로 이사를 다닐 때였다
  그 시절 나는 침대에서 내려올 수 없을 정도의 중병을 앓거나 심장마비를 일으켜 순식간에 죽어버렸으

면, 하는 생각뿐이었고, 그런 생각에 사로잡힐 때면 머리부터 발끝까지 온통 밀가루를 뒤집어쓴 기분이었다 그렇게 한 시간이고 두 시간이고 베개에 얼굴을 묻은 채 울고 있노라면, 어느새 차갑고 물컹거리는 밀가루 대가리가 되어 불타는 오븐 속으로 뛰어들고 싶었다

 오빠, 저기 봐, 하늘에 '1'이라고 쓰여 있어, 차창을 가리키던 어린 동생의 모습……
 바보 같은 소리, 하늘에 1이라고 쓰여 있는 게 아니라 그건 차창에 붙어 있는 번호다, 퉁명스럽게 말하던 아버지의 모습…… 그는 이어서 열심히 하면 된다, 라고 뜬금없는 말을 했는데 아마도 혼자만의 머릿속에서 '1등'을 떠올렸나 보다 그때 나와 동생은 잠시 할 말을 잊었지만, 나는 열심히 하면 된다는 그의 말이 이상하리만치 소중하게 느껴졌다

 전에 살던 동네의 한 대중목욕탕에서 학교의 선생

이라는 자가 찬물을 이리저리 튀기며 헤엄치는 모습을 보았을 때에도, 아버지에게 따귀를 맞고 꺾어 신은 신발을 바로 신을 때에도, 집 가족 식사 대화 내 방 내 방의 답답한 커튼 그런 것들이 싫어서 어두워진 공원을 늦도록 헤매다 똥을 주워 먹고 있는 떠돌이 개를 보았을 때에도, 집에 돌아와 두 번 세 번 양치질을 하며 피거품을 뚝 뚝 흘릴 때에도

 열심히 하면 생각이 다시 찾아온다

 열심히 하면 언제든 생각이 다시 찾아온다고, 나는 믿었었다 어리석게도 마치 이 모든 게 마당의 웃자란 잔디와 같다고 생각하면서, 이 모든 게 기계의 커터 속으로 사라질 쓸모없는 잔디와 같다고 생각하면서……

오징어자수(刺繡)

 소녀여, 곁에 아무도 없다면 혼자서 죽는 거다, 보리밭에 가서 몰래 얼어 죽으렴

 늙어가는 여자들은 어쩔 줄을 모르지 연민으로 동정으로 다정을 베풀면 베풀수록 소녀가 되어 웅크리려고 하니 말이다 또 자신들이 사랑스런 소녀 취급을 받지 못할 때에는 순식간에 송곳기둥이 되어 온갖 일에 심술을 부린다 가슴속의 아첨쟁이도 살아갈 수가 없어 이것은 틀렸지 잘못되었다는 걸 알면서도 불행한 여자들은 매 순간이 파멸이다 웃음이 넘치는 테이블에서도 진심과 환대 속에서도 그녀들은 상대방의 말문을 막아버리고 제발 내 앞에 얼씬도 하지 말라며 엄포를 놓는다

 소녀여, 곁에 아무도 없다면 스테이크를 한입에 삼키고 화장실에 가서 숨 막혀 죽으렴

 흘러간 노래는 흘러간 노래일 뿐

고등어는 다랑어의 친구지
조개는 돌멩이와 친구
오징어는 혼자 미끄러진다

톱 연주를 듣는 밤

 타오르는 촛불 아래서 약혼자에게 편지를 쓰다 말고, 나는 신경쇠약에 시달리는 카프카가 되었습니다

 쭉정이 같은 모습으로 늙어갔을 사내, 그러나 그 누구도 손가락질할 수 없을 만큼 나는 재능 있고 병들고 고단한 사내입니다

 참았던 숨을 길게 내쉬면, 마음에 작고 따뜻한 구멍이 생겨

 톱 연주를 듣는 밤은 나의 초라한 모양이 싫지가 않습니다

 숨 가쁘게 살아온 지난날들에 대해 얘기해볼까요
 작년 가을에는 꿈속에서 일곱 명의 남자를 잔인하게 살해한 경력을 가지고 있습니다

 나는 지금도 경찰에 쫓기는 몸이지만, 사랑하는 약

혼자와 노모 때문에 자수도 못하고 괴로워하는 꿈을 자주 꿉니다

  사람들에게 변신을 내가 썼다고 말했습니다
  안개와 어둠뿐인 성 주변을 맴돌며 오늘도 심판을 기다리고 있다고……

  누가 진실을 알고 있습니까
  왜 아무도 나를 이곳에서 끌어내지 못합니까

  어머니는 민들레 잎을 먹으면 모든 일이 다 잘될 거라고 말하지만
  외할머니도 위암으로 죽었고, 어머니도 위암으로 죽어가고, 나 역시 배를 움켜쥐고 죽게 될 것입니다

  약혼자는 건강한 여성이어서 세상모르고 잠을 자고 있겠지요

사랑하는 나의 피앙세, 그녀는 내가 카프카라는 사실을 꿈에도 모르겠지만

그녀와 내가 백발이 되도록 함께 심판받을 수만 있다면 나는 더 이상 바랄 것이 없습니다

내가 그녀의 여덟번째 약혼자라는 사실도, 내가 그녀의 마지막 남자가 될 수 없을 거라는 절망적인 충고도, 그녀를 향한 나의 마음을 되돌리지는 못합니다

오래도록 숨을 참고 있으면, 마음에 작은 구멍이 닫히고

나는 카프카도 그 어떤 누구도 아닌, 죽어가는 노모와 단둘뿐인 텅 빈 박제에 불과하지만

삶이 가능할 거라고 믿고 있습니다, 뻔뻔하게도

어머니의 어머니의 어머니의 배 속에서부터 그녀를 사랑해왔고

두 번 다시 그녀의 아름다운 목소리를 들을 수 없게 된다면
　나는 무덤 속에서도 경찰에 쫓기는 신세가 될 것입니다
　사슴처럼 뛰어다니는 그녀의 활기찬 육체는 어떻습니까
　가죽을 벗겨서라도 그것을 가지겠습니다

　독자들이여

　이 모든 집착과 거짓을 누가 멈출 수 있겠습니까
　오늘 밤은 그 어느 누구도 욕할 수 없이 나는 밟아도 꿈틀거리고
　끊어져도 꿈틀거리고, 죽어서도 꿈틀거리는 위대한 사내가 되어

　변신을 내가 썼다고 말했습니다
　안개와 어둠뿐인 성 주변을 맴돌며 언제까지라도

심판을 기다리겠다고……

누가 진실을 알고 있습니까, 때가 되면 모든 안개와 어둠이 걷힐 거라고 어머니는 말하지만
외할머니도 민들레 잎을 씹으며 죽어갔고, 어머니도 민들레 잎을 씹으며 죽어가고, 나 역시 민들레 잎에 몸서리치며 죽게 될 것입니다

약혼자는 겁이 많은 여성이어서 내가 보낸 편지를 읽어 내려가며 두려움에 떨고 있겠지요

참았던 숨을 길게 내쉬면, 마음에 작은 구멍이 열리고

톱 연주를 듣는 밤은 어둡고 추한 나의 모습이 싫지가 않습니다

병 속의 좀길앞잡이

어린 왕이 말했다

"밤이 되어도 내 곁을 지켜준다면, 너를 나의 왕비로 삼을 텐데……"

시녀가 말했다

"제게서 내려오세요"

어린 왕이 말했다

"이 거대한 성에는 누가 살고 있어? 수천 명의 시녀들과 나를 '끌어내려야' 직성이 풀리는 수백 명의 신하들이 살고 있지. 너는 겁먹은 게 틀림없어. 하지만 너는 어린애가 아니야, 약간 피가 나는 거지……"

시녀가 말했다

"제게서 내려오세요"

어린 왕이 말했다

"나는 절대로 내려가지 않아, 나는 이곳에서 영원히 살거야!"

*

검은 유니폼을 입은 간호사 꿈을 꾸었다 그녀는 내 책을 들고 있었고, 내 이마에 얼음주머니를 올려놓으며 내가 너무 어리다고 말했다 어리고 과장되고 확신을 뒤집는 시기여서 나를 떠날 수밖에 없다고…… 그녀는 침대 시트를 대충 정리한 뒤에 병실을 서둘러 나갔다 얼음주머니에 맺혀 있던 물방울이 콧등을 타고 콧물처럼 흘렀다

*

병 속의 좀길앞잡이, 갑자기 이런 구절

보람 없는 날들

　―우린 온몸에 수십 개의 밸브를 달고 있었지, 밸브 끝에는 가느다란 고무호스가 치렁치렁 매달려 있었어, 우린 모두 죽을 때까지 몸속의 뜨거운 액체를 어딘가로 흘려보내야 하는 운명이로구나, 그런 생각을 하는 사이 내 몸이 텅 빈 가죽 주머니처럼 쪼그라들기 시작했지, 사랑스런 우리 강아지, 우리 쟈니가 차에 치여 죽었을 때처럼 슬프고 괴로운 감정이 북받쳤어, 꿈에서 깨었을 때도 그 감정은 고스란히 남아 있었고 나는 침대에서 벌떡 일어나 창가로 달려가야 했지, 핏기 없는 손바닥을 활짝 펴고 하늘의 기운을 받아야만 해, 손바닥을 빙 빙 돌리며 주파수를 찾았어, 에너지, 에너지를 받지 않으면 당장이라도 죽을 것 같았거든……

　이상한 여자애들

　―그 애의 이름은 진준데, 우린 펄이라고 불러
　―같은 거잖아

─아니야, 펄은 우리가 부르는 이름이고, 그 애의 원래 이름은 진주야

─그게 그거잖아

─아니지 병신아, 펄이라니까, 어제처럼 멋지게 차려입고 파티에서 만날 때는 펄이 되는 거야, 진주는 집에서나 부르는 이름이고, 사람들이 나를 '어서 와, 에이프릴, 에이프릴아 한잔하지 않을래?' 하고 말하는 것처럼 내 원래 이름 같은 건 없어져버리는 거라고!

이상한 여자애들만 어슬렁거린다

─부엌이 지저분하면 엄마가 아프대

─엄마가 아프면, 부엌이 지저분해지는 거겠지

─……죽기 전에, 할머니가 그랬어, 할머니는 엄마 때문에 지지리 고달픈 인생을 살았지, 뜨거운 피를 물려받아서, 엄마는 집안일 같은 건 안중에도 없었대, 뭐랄까, 굉장히 사회적인 여성이랄까, 암튼 동

부에선 꽤 알아주는 골든 바의 매니저였지
　—지금은 뭘 하시는데?
　—뭘 하긴, 나 때문에 고달픈 인생을 살고 있지

　나는 여자애들을 침대 위에 눕혀놓고 이런 생각을 했다

　'이봐, 대체 여기가 어디라고 생각해? 대체 네가 누구란 말이지? 젖가슴을 다 내놓고 시름에 빠져 있는 꼴이라니! 이것 봐, 너에게 안겨 있는 내가 누구라고 생각해? 너는 짐꾸러미를 끌어안았다, 딱하기도 하지……'

　나는 여자애들을 바닥에 무릎 꿇린 채 이런 생각도 했다

　'사랑이라고? 영원이라고? 뻔뻔한 소리를 지껄이던 입술로 내 거시기나 빨고 있는 주제에, 네가 대체

누구란 말이야, 네 머리칼을 움켜쥐고 있는 내가 누구라고 생각해? 여길 좀 봐, 너는 골칫거리를 떠안았다, 딱하기도 하지……'

그리고 나는 여자애들을 소파 위로 떠밀며 이렇게 말했다

——사랑해, 그러니까 아무 데도 가지 마

나는 어떤 여자애를 길가에 세워놓고 화를 내기도 했다

——제발 내 앞에 얼씬거리지 좀 말아, 그 지긋지긋한 얼굴을 이곳에서 치워달란 말이야, 네가 지금 마시고 삼킨 것들이 너를 울고 토하고 뒹굴게 만들겠지, 내 앞에서 한바탕 난리법석을 피우고 나면, 너는 아마 정신 나간 늙은이가 되어 있을 거다!

여자애는 진통제 알레르기가 있었는데, 나에 대한 분노와 배신감 때문에 한꺼번에 술과 약을 삼키고 두 시간 넘게 천국과 지옥을 헤맸다 그 애는 나를 만날 때마다 폭포 아래로 곤두박질치는 조각배처럼 언제나 늘, 산산조각이 나곤 했었지

나는 여자애들을 뒤로한 채 집에 돌아와 고급스런 책들을 읽었다

머릿속을 헹구듯 오래오래 손을 씻고

사랑에 관한, 음악에 관한, 우주에 관한, 태초에 관한, 수학에 관한, 역사에 관한, 법률에 관한, 전쟁에 관한, 죽음에 관한, 운명에 관한……

나는 이렇듯 고급스런 책들을 읽었다

저자라는 자식들은 하나같이 이렇게 말하지

어이 이봐, 왜 그러고 있어, 내 글이 그렇게 감동적인가, 세상이 잠깐 다르게 보이겠지, 하지만 이봐, 잠깐뿐이라고, 아마도 너는 죽을 때까지 텅 빈 페이지들을 넘겨야 할 거다, 방구석에 처박혀 똥구멍이나 긁고 있는 자식아, 네 자신이 누구인지는 알고 있는 거야?!

보람 없는 날들

다이아—몬드다

사냥꾼도 산행객도 떠난 숲 속에 어둠이 내리고

겨울잠을 잊은 늙은 다람쥐 한 마리

눈밭을 돌아다니고 있어

백 년 전에는 이곳으로 이름 모를 병사들이 지나갔지

조국과 민족을 위해, 일 수도 있고

부모에게 돌아가 안기고 싶은 마음을 억누르며

마음속으로 연인에게 끝없이 편지를 쓰며

이건 핏자국이지, 냄새가 나

어미 새는 울고 아기 새는 죽어

숨바꼭질을 하지, 몇 방울의 피로

찬 눈을 녹이며

이곳으로 되돌아온 병사도 있고

영영 돌아오지 못한 병사도 있어

덜컥, 덫에 걸리면

눈밭을 지나던 늙은 다람쥐 한 마리

썩은 떡갈나무 열매를 허공에 던진다

굴속의 연인

 내가리를 사랑했어요 대가리밖에 없는 남자
 대가리 밑으로는 아무것도 없는 남자
 대가리 속엔 뭐가 들었을까 도무지 대가리 속이 궁금해서
 잠시도 대가리를 떠나지 못한 채 대가리 곁에서 밤잠을 설쳤죠
 대가리뿐인 남자 대가리만으로는 한 발짝도 움직일 수 없는 남자
 대가리에 달린 귀를 후벼주고 눈곱을 떼주고
 헝클어진 머리를 빗겨주었지만, 예쁘게 웃지는 못했어요
 대가리뿐이어서 하루 종일 대가리 속에서 놀다가
 후줄근한 얼굴로 그저 물고 빨기를 좋아했어요
 열 손가락이 전부인 내가 그에게 줄 수 있는 게 뭐겠어요
 열 손가락이 물러터지도록 물고 빨고 물고 빨아라
 가진 거라고는 대가리와 열 손가락이 전부인 우리들
 사는 게 시시하고 빤하고 별게 없을 거 같지만 우

리는 매일같이 밀고 당겼어요
 대가리뿐이어서 굴릴 거라고는 대가리밖에 없어서
 물고 빠는 일이 지겨워질 때마다 거짓말을 했어요
 따귀가 맞고 싶은지
 혓바닥을 박박 소금물로 헹궈주고 싶었지만
 대가리로만 노는 남자 대가리뿐이어서 오도 가도 못 하는 남자
 열 손가락이 전부인 내가 그에게 해줄 수 있는 게 뭐겠어요
 대가리에 떨어진 새똥을 치워주고 가려우면 긁어주고
 대가리가 우울해하면 삼삼칠 박수나 쳐줄 뿐……
 이 나라에선 아무도 몰라요
 가진 거라고는 대가리와 열 손가락이 전부인 우리들, 딴 나라의 우리들

도둑키스

 카페 문을 열고 매부리코 흰 콧수염의 남자가 들어섰다
 탁탁 발을 구르며

 마치 남자의 등장이라는 게 어떤 것인지를 보여주듯이

 에스프레소

 진하고 빠르게

 매부리코 흰 콧수염 남자의 손가락이 메뉴판 위를 스치듯 지나갔을 뿐

 마치 말이 필요 없다는 게 어떤 것인지를 보여주듯이

 진하고 빠르게

말굽에 짓밟히듯이

매부리코 흰 콧수염 남자의 불타는 입술이 여자의 입술을 덮쳤고

붉은 조끼의 놀란 여자는 포켓 속의 움켜쥔 두 손에서 쿵쾅거리는 두 개의 심장을 느꼈다

서른 살의 가슴이
뿌리째 흔들렸나 보다

창밖에는 때아닌 굵은 눈발이 흩날리고
몰려든 매부리코 흰 콧수염의 남자들이
창가에 서서 카페 안을 이리저리 둘러보고 있었다

마치 혀라는 게 어떤 것인지를 보여주듯이

진하고 빠르게

채찍에 휘감기듯이

붉은 조끼의 놀란 여자는 움켜쥔 두 개의 심장이 붉게 달아오른 두 볼에서 마구 뛰는 것을 느꼈다

동시에, 매부리코 흰 콧수염의 남자가 자리를 박차고 일어섰고
어느새 창밖의 눈발은 그쳤으며
매부리코 흰 콧수염의 남자들도 모두 사라진 뒤였다

마치 남자의 급작스런 퇴장이라는 게 어떤 것인지를 보여주듯이

붉은 조끼의 놀란 여자는 매부리코 흰 콧수염 남자의 뒷모습을 바라보며 포켓 속에서 간신히 담뱃갑을 꺼내들었다

라이터…… 라이터…… 라이터……

Cul de Sac

술에 취해 집으로 돌아가던 한 남자가 깊은 진흙 구덩이에서 가까스로 눈을 떴을 때에는 이미 시월의 달이 구덩이의 입구를 두 번, 가로지르고 난 뒤였다

그리고 오늘은 달도 없는 밤

당신은 당신과 피를 나눈 적이 있습니까
당신은 당신이 피를 흘릴 때 누구와 속삭이고 있었습니까

어둠 속의 남자는 발꿈치에서 척추를 타고 올라오는 격렬한 통증에 두 눈에선 번갯불이 일었고, 문짝이 뒤틀리는 듯한 비명 소리가 구덩이 속을 가득 메웠다

나뭇가지들이 바람에 흔들리는 소리를 들었습니다
통찰해봅시다
이 언덕 저 언덕에서 나무들이 신음하는데요
통찰해봅시다

저 신음하는 나무들의 주인은 대체 누구입니까
통찰해봅시다

오로지 — 불과하다는 결론에 도달하기 위해
오로지 — 불과하다는 처음에 도달하기 위해

굶주린 사자가 우리 주변을 어슬렁거리고 있습니다
우리는 그것이 우리의 독실한 마음가짐에 따라 점차
멀어지기도 하고 반대로 우리의 침대 곁으로 슬그머
니 다가오기도 한다고 믿고 있습니다 그것은 과연 그
렇습니까

그러면 선생은 누구의 형제입니까 지금 이곳에서
우리가 느끼는 슬픔과 분노와 공포는 누구의 목소리
입니까 새가 날아와 앉으면 나뭇가지는 흔들리지요
작은 소리를 내며 부러지기도 합니다 그러나 새가 떨
어지는 것을 본 적이 있습니까 대화를 원한다면 다가
가서 대화를 하세요 큰 의미는 없습니다 시계가 멈추

면 우리는 어떻게 합니까, 걸어가서 시계 밥을 줍니다

진흙 속에 두 귀를 처박고 있던 남자는 구덩이 속을 가득 메운 비명 소리가 자신의 것으로 들리지는 않았다 마치 몸속의 또 다른 생명체가 육체 밖으로 빠져나가기 위해 기를 쓰고 있는 것처럼 느껴졌을 뿐──절박과 침체, 파멸과 혼돈으로부터 그리고 끝없이 이어지는 질문과 대답으로부터……

당신은 당신과 음식을 나눈 적이 있습니까
당신은 당신의 발아래 떨어진 빵 조각을 누구에게 주었습니까

오랜 세월, 저는 낮 동안에 떠오른 모든 생각들을 메모지에 옮겨 적었습니다 술에 취하기 전에 제가 떠올렸던 생각들은 무엇이었습니까 취한 뒤에는 그것들이 한 미치광이에 의해 창밖으로 마구 던져지는 것을 보았습니다

선생은 재능이 없어요 선생은 선생보다 느린 노새에 올라탔고 날이 새도록 고집을 부리는 쪽은 누구입니까 만일 선생이 남다른 재능을 가지고 있다면 이토록 오랜 세월 쓰고 버리는 일을 반복할 리가 있겠습니까

새에게 물어봅시다 어디서 날아오는 거지?

……당신은 당신에게 끝없이 민폐를 끼치면서도 죄송합니다, 하고 사과를 해본 적이 있습니까

새가 날아가면서 선생에게 뭐라고 합디까

……사과를 받고 싶습니다, 당신은 당신을 매우 뻔뻔한 사람이라 여기고 있어요 돌아섰습니다 괴로워서 울게 되겠지요 울어보세요 당신은 당신에게 버림받았잖아요

구덩이 속의 남자는 모든 것이 끝났다고 믿었다 자신을 집어삼킨 진흙 구덩이도 부러진 척추도 갈증도 이 세계에 존재하지 않는 것들이라고 믿었다

지금, 여기, 진흙 구덩이가 있고 진흙을 두 손으로 움켜쥔 남자가 쓰러져 있다면 그것은 쥐들이 꾸며낸 이야기, 밤새도록 갉아대는 소리, 다락방의 거짓일 뿐이다, 라고 그는 믿었다

길가에 물새알이 떨어져 있는 것을 보았습니다
통찰해봅시다
강 건너의 어미 새가 구슬프게 울고 있는데요
통찰해봅시다
이 밤이 지나면 어미 새의 슬픔은 누구의 것입니까
통찰해봅시다

오로지—불과하다는 결론에 도달하기 위해
오로지—불과하다는 처음에 도달하기 위해

당신은 당신과 잠을 잔 적이 있습니까
당신은 당신이 대문을 두드릴 때 누구와 잠들어 있었습니까

저는 악마가 심판대에 오르는 것을 한 번도 본 적이 없습니다 악마는 심판을 받지 않아요 그가 이 지상에 집을 짓고 있다고 생각하십니까 악마는 집을 짓지 않습니다, 이 칠흑 같은 밤에…… 우리가 어떻게 내려갑니까

그러면 선생은 누구의 영혼입니까 우리는 부정한 말을 계속해서 지껄일 수 있고 어둠 속에서 밤새도록 음탕한 노래를 부를 수도 있으며 웃으면서 파괴되는 얼굴로 사창가의 여인들에게 마음의 상처를 입히고 또 물어뜯긴 채 당장에라도 쫓겨날 수 있습니다 선생은 누구의 회한입니까 용서를 원한다면 다가가서 용서를 구하세요 큰 의미는 없습니다, 발밑의 사자가…… 선

생에게 자고 가라고 합디다!

　술에 취해 집으로 돌아가던 한 남자가 깊은 진흙 구덩이에서 죽은 채로 발견되었을 때에는
　십이월의 얼어붙은 달이 구덩이 속을 찬찬히 들여다보고 있을 때였다
　마른 진흙을 얼룩 강아지처럼 뒤집어쓰고 있던 남자는 격렬한 통증도 부릅뜬 눈에서 번갯불이 일지도 않았으며, 끝없이 이어지는 질문과 대답으로 가득했던 진흙 구덩이 역시 잠자는 우물처럼 고요하기만 했다

모래밭에 던져진 당신의 반지가
태양 아래 C, 노래하듯이

*순박한 시골 처녀여
나에게 손을 흔들지 마오
내가 탄 마차가 지나가면
당신은 흙먼지를 뒤집어쓴다네*

가슴속으로 파고들어봐야
나는 악마
사랑을 아는 말티즈maltese들은
떨어져 나가겠지

발작적으로,

창문을 두드리던 멧부리새는
나에게 기회를 주었다고 말하지만
기회를 주고 싶어 하던 멧부리새에게
기회를 준 건 나!

거짓으로 사랑하였으나 목 놓아 울었네

이 계절이 다 가도록
세느 강에 똥물이 흐른다 해도
세느…… 이 아름다운 발음을 멈출 수는 없겠지

어여쁜 시골 처녀여
나의 이름을 부르지 마오
내가 탄 검은 마차가 멈춰 서면
당신은 밤새도록 피눈물 흘려야 한다네

가슴속으로 파고들어봐야
나는 악마
사랑에 굶주린 말티즈들은
문짝을 긁겠지

쥐가 있던 피크닉 자리

우리는 같은 미술부 부원이고 우리는 같은 달에 태어난 동갑내기 그러나 남자인 내가 그녀보다 훨씬 더 약골이고 어리광쟁이에 땅딸보, 지구가 회전하는 반대 방향으로 걸어 다녀서 나는 조금씩 뒤처지고 있다

——너무, 어깨 잡지 마, 응?

——자랑할 일은 아니지만, 나 없으면 아무것도 못 하는 주제에……

그녀는 제자리에 서서 동서남북으로 몸을 돌려 배경이 다른 네 장의 셀카를 찍는다 도무지 울적한 월요일, 밤새워 만든 빨간 카드에 한 줄도 적지 못했다

——나는 언제나 외톨이였어, 이봐, 놀아줄 사람이 없었다고!

——중학교 1학년 때였나…… 마당에서 지푸라기

냄새가 나던 가을이었는데, 엄마는 빨래를 널다 말고 나에게 동생이 생길 거라며 좋아했었지, 내가 자전거를 타고 학교 집 학교 집을 오가는 사이 엄마와 아빠는 아무래도, 뭔가, 조금은 부족하다고 여겼던 걸까

 —자미란 나무의 열매네, 둘째 이모가 좋아했었는데……

 —학교에서 시무룩한 표정으로 돌아올 때면, 할머니는 그러셨지, 어떤 일들이 너의 마음을 괴롭히거든 그것은 너에게 꼭 필요한 것이야, 배우고 따지거라

 —하지만 내 맘대로 움직일 수 없는 시간이었어, 라고 말해버리면 안 되는 걸까

 누구에게 하는 말도 아닌…… 바다 쪽의 하늘은 맑고 소나무의 향이 폐 속 가득 차오르지만 어딘가 답답한 월요일, 우리는 서로가 곁에 있다는 것을 모

르는 사람들처럼, 터벅터벅 산책로를 따라, 터벅터벅 발밑에서 피어오르는 흙먼지 같은 애기들

 다음 달이면 아버지의 직장이 있는 도시로 이사를 간다 그녀와 갈매기가 있는 이곳으로부터 다섯 시간, 우리는 거의 잊혀질지도 모른다 어렸을 때부터 우리 두 사람을 이어주던 운명의 검은 실, 끊어질 인연

 ──뭐야, 그런 표정……

 ──너랑 자보고 싶어, 우리 자볼까?

 ──다음에

 ── 짠돌이

 용기가 사라진다, 도무지 멋쩍은 월요일, 내가 그리는 모든 그림들을 망쳤으면 좋겠다 다른 어떤 무늬

의 옷도 자연과 어울리지 않아 우리에게 '내일'은 얼마나 남아 있는 걸까 언제나 단 하루, 떨어지는 꽃잎

─ 사랑해…… 라고 말해줄까?

─ 힘내

 서로의 얼굴을 마주 보며 마치 자신에게 들려주는 마지막 말처럼
 쥐가 있던 피크닉 자리에서

 힘내, 사랑하니까

 꽃 덤불이 그려진 빨간 카드에 처음으로 한 줄을 적었다

육체쇼와 전집

옆집 베란다에 폭탄이 있습니다
저게 터지면 우리는 흔적도 없이 날아갑니다
망상입니다 의사는 규칙적인 식사와 산보가 좋다고 합니다만
자 저는 누워 있습니다 보란 듯이
저기 발가락이 보이는군요
말 없는 저들은 누구의 아이들입니까
저는 방금 꿈에서 깨어났고 당신은 아름다울 정도로 착해 보인다,
라는 말을 들었습니다 꿈속에서
제 손을 잡아주던 늙은 여인의 다정한 모습이
아직도 생생하군요, 당신은 아름다울 정도로 착해 보인다……
왜요 저는 꿈속에서 착한 녀석이었습니다
없는 아내와 아이들을 걱정하고
아침 식탁의 즐거운 소동과 휴일과 가족 여행을 떠올리는
저는 누구입니까 이 육체와 전집은 누구의 것입니까

저는 근육이 없습니다 톱니가 없어요

잠잘 때 코에서 죽은 사슴 냄새가 나는 여자의 아들입니다

뭐가, 뭐가 잘못된 것일까요 중얼거리다, 라는 말에 문제가 있습니까

곪다, 되씹다는 어떻습니까. 고향에 가면 지금도 옛날 껌을 팔겠지요

어린 시절의 향과 단물이 그리워지는 시간……

자 저는 조금 더 누워 있도록 하겠습니다

안내자가 올 때까지, 안내자는 누구입니까

당신에게도 안내자가 있습니까, 안내자에게

안내를 받고 있습니까, 그것은 친절하고 적절한 것입니까

저는 지금 숨을 헐떡거리며 이 글을 쓰고 있습니다

몸은 멸치처럼 마르고 황달 걸린 노인네의 모습으로

친구였던 자들의 얼굴을 한 사람 한 사람……

더러워진 옷이 더러워질 옷과 옷장 속에서 썩어가던 시절

우리는 왜 그토록 오랜 시간 동안 서로를 속여야 했을까요

언젠가 굴다리 밑에서 보았던 「올 고트」라는 영화가 떠오르는군요

아름다운 말들이 닥치는 대로 죽어가는 영화

음…… 마지막 경주를 마치고 뜨거운 침을 흘리던 말 냄새가 여기까지 난다

악착같이 꿈꾸면서 악착같이 전진하면 악착같은 현실이 기다리겠지요

눈물을 질질 흘려야 우는 건 아니지 않습니까

사랑을 모르면서 사랑한다고 말하고

이별을 모르면서 이별했다고 말하고

살아 있으면서 지난 새벽에 죽었다고 말하는 겁니다 개새끼들

욕조의 자라들처럼 계속해서 계속해서 미끄러지는 거죠

햇빛은, 어디에 붙어 있는지도 모를 그리스 해변에서 빛나고 있는데……

고독은 무엇입니까, 고독 속에서
당신도 끝없이 질문을 던지고 있습니까
고독 속에서 당신도 모르는 당신의 깊은 시간이
바지를 적시는 흙탕물처럼 조금씩 조금씩 스며들고 있습니까
불현듯 백 년 전의 일들이 머릿속을 스쳐가고
잊었던 백 년 전의 목소리가 당신의 마음을 괴롭히고 있습니까
저는 구두가 없어요 구두가 있다면 내 두 발을 끊어 가도 좋아, 농담입니다
저는 생각이 없어요 전집이 없습니다 누구의 자식인지 모를 골방의 아이들은
뒤죽박죽 서로를 배신하기로 협약을 맺었고
어두워진 창가를 서성이는 검은 육체의 그림자와
누구의 부모인지 모를 백 년 전의 시선이 엇갈리고 있습니다
뭐가, 뭐가 들이닥친 것일까요 마주치다, 라는 말에 문제가 있습니까

주서앉다, 곪아 터지다는 어떻습니까. 고향에 가면 지금도
　나무칼을 든 아이들이 밤늦도록 전쟁을 하겠지요
　저는 이렇게 칠일 낮밤을 누워 있습니다 죽은 듯이
　자 제가 보여줄 수 있는 육체의 쇼는 무엇입니까
　어린 시절의 숲과 야만이 그리워지는 시간입니다

강은아와 은반지

 너는 은반지를 끼고 학교에 간 적이 있지, 너도나도 은반지를 껴보겠다고 친구들이 난리를 쳤던 적이 있어, 돌아가며 한 사람씩 껴보라고 너는 선심을 썼고 은반지네, 하며 강은아가 손을 내민 적이 있지, 그래 그건 은반지야, 하고 너는 순순히 은반지를 건넨 적이 있어, 강은아를 향해 *강은아가 누구니 강은아가 누구였어 강은아를 너는 본 적이 있니*

 강은아는 멋지다는 표정으로 반지 낀 자신의 손가락을 바라보았지, 그러고는 말했어, 그이가 사준 거야, 어제가 우리 백 일째 되는 날이었거든…… 너는 웃었지, 너는 무시했어 자, 다음 사람, 하고 주위를 돌아보았지만 네 주위엔 아무도 없었지, 집에 갔어, 사라졌지, 어느새 교실 창밖으로 가을비가 추적추적 내리고 어두워져가는 텅 빈 교실에서 너는 무서웠지, 너는 너무 무서워서 강은아를 향해 있는 힘껏 소리쳤어,

 이 미친년아 그 반지 당장 빠지 못해!!

너는 그만 심장이 떨려서, 입술이 얼어붙어서, 빼지를 빠지로 발음해버린 네 자신을 도무지 용서할 수가 없어서, 너는 눈을 질끈 감은 채 너는 숨도 쉬지 않고 강은아를 향해 비명을 질렀지, 이 개 같은 년아! 그건 내 반지야, 내 은반지라고! 태어나서 처음으로 가져보는 내 은반지란 말이야! 너는 몰라, 지금 내 심정이 어떤지, 내 기분이 얼마나 엉망진창인지, 너 때문에, 너 때문에…… 너는 나를 한 번도 마음으로 불러준 적이 없어, 너는 나를 단 한 번도 돌봐준 적이 없었다고!…… 너는 목이 쉬도록 울었어, 소리쳤지, 강은아를 향해 *강은아가 누구니 강은아가 누구였어 강은아를 너는 본 적이 있니*

어느새 강은아는 온데간데없고, 어둠이 내린 텅 빈 교실 바닥 위로 빛바랜 은반지만 소리 없이 구르는 저녁……

*

은반지를 끼고 깍두기를 담갔네
빨갛게 물이 든 은반지
누가 누가 사줬나 우리 그이가 사줬지
하루도 빼놓지 않고 열성으로 끼고 다니던 은반지
칫솔로 아무리 닦아도 은색이 되지 않던 은반지
그이는 어딨나 지난가을에 떠났지
은반지 같지 않은 은반지
가짜 은반지를 끼고 혼자 저녁을 먹네
새로 담근 깍두기를 상 위에 올려놓고
저녁을 먹으며 보고 또 보는 은반지
강은아는 어딨나 지난가을에 죽었지
도무지 은반지 같지 않은 은반지
치약을 아무리 발라도 은색이 되지 않던 은반지
아무도 가지려 하지 않던 은반지
가짜 은반지를 끼고
죽은 강은아가 혼자 저녁을 먹네

아름답고 멋지고 열등한

 사랑해 당신을 너무 사랑해 밤하늘의 달과 구름 어둠 속에 스러져가는 이름 없는 별들조차 당신을 애타게 부르고 땅 위의 모든 짐승들, 숲과 호수와 들판의 버려진 꽃들조차 당신을 못내 그리워하지 당신 없는 세상은 무덤 속의 좀비 얼간이 끓어오르는 오물통 당신과 함께라면 그 어떤 재난도 불행도 아름답고 황홀하겠지 도무지 믿기지가 않아 이토록 누군가를 사랑할 수 있다니…… 그래요, 나 역시 숨이 막힐 것 같아 당신의 모습이 한순간도 떠나질 않고 지금, 여기, 눈앞에 당신이 있다는 사실조차 믿을 수 없을 만큼 놀랍고 신기해 그 어떤 고통도 두려움도 씻은 듯이 사라져버려 어째서, 어째서 우리에게 이런 기적과도 같은 일이 벌어진 것일까요……

 악마새끼들

 '물속의 물고기들은 목마르지 않아서 좋겠다'라고 혼자 되뇌었다

─ 하지만 당신과의 관계를 엄마가 알게 된다면, 당장에 다리몽둥이가 부러질 거예요

─ 걱정하지 마, 그녀가 당신을 해치기 전에 내가 먼저 그녀를 없애버릴 테니까

─ 그만둬요! 바보같이…… 엄마를 죽인 남자와 섹스하고 싶진 않아

─ 무슨 소리야, 그러면 나는 앉은뱅이랑 한 침대에서 자고 싶을 거라 생각해?

'저기 봐, 밤이 오고 있어'

이것은 숨죽인 살쾡이가 말했지.

애정을——그리고 동시에——또 그 가운데

　방갈로에서 식사를 마친 뒤 트레이를 문밖에 내다 놓으면, 새끼 고양이가 와서 까끌까끌한 혀로 몇 번 맛을 본 뒤에 남은 음식을 깨끗이 먹어치우곤 했다. 어떤 날은 창틀에 턱을 괴고 앉아 새끼 고양이가 나타나기만을 기다렸고, 또 어떤 날은 그 지저분하고 뻔뻔한 녀석이 방갈로 근처에 얼씬도 하지 않았으면, 하는 마음으로 아예 내다보지도 않았다. 그러나 새끼 고양이는 매일 아침 음식을 먹기 위해 방갈로의 계단을 뛰어 올라왔고, 남김없이 접시를 비운 뒤에 사라지고는 했다.

　모든 사람들이 떠돌이 새끼 고양이에게 이런 식으로 음식을 주지는 않겠지만, 당신이나 나나 어미 없는 새끼 고양이에 불과한 시절이 있었고, 우연한 기회에 낯선 이들로부터 혹은 먼 친척으로부터 애정과 미움을 한 몸에 받은 적이 있다면…… 나는 지금 방갈로에 누워 그런 시간들을 떠올리고 있다. 행복하다, 행복해, 행복한 새끼 고양이처럼 울며 그 **인정 많**

은 자들의 품속에 몸뚱이를 완전히 내맡긴 작은 짐승처럼. 그들의 속내는 그들의 속내일 뿐, 기분 좋은 잠에서 깨어날 때마다 겨드랑이를 부드럽게 핥는 이기적인 핏덩이처럼.

*

"우리는 지금 함께 있지만, 우리의 영혼은 이곳에 없어요"
"왜, 우리의 영혼이 있는 곳으로 가고 싶니?"
"아니요, 우린 오늘 밤 영혼과 떨어져 있을 거예요"
"쓸쓸하지 않겠어?"
"곧 만나게 될 텐데요, 뭐"

여자애가 말했다

"봐요, 아저씨…… 오리배라는 게 있어요, 페달을 밟아 강물 위를 떠다니며 시간을 보낼 수 있고, 아저씨가 원한다면 얼마든지 다른 용도로도 사용할 수 있겠지요. 추운 날에는 토막을 내서 땔감으로 쓸 수도 있고, 천막을 씌워 그 안에서 짧은 잠을 청할 수도 있으며, 또 그곳에서 조용조용 대화라는 것도 나눌 수 있겠지요. 여차하면 다툴 수도 있겠고, 주먹으로 얼굴을 갈기거나 서로의 가슴을 회칼 같은 걸로 찌를 수도 있고, 강 저편으로 시체를 띄워 보낼 수도 있겠지요. 아저씨가 상상하는 대로 선착장에 묶인 한겨울의 오리배는 아저씨에게 만족을 줄 거에요"

여자애가 귀에 대고 말했다, 티셔츠 속에 차가운 손을 집어넣으며

"아저씨, 남자라는 동물이 있어요. 페달을 밟아 강물 위를 천천히 떠다니며 시간을 보낼 수도 있고, 언제든 제가 원한다면 얼마든지 다른 용도로도 사용할 수 있겠지요

하지만 아껴주자!, 이게 저의 생각이에요"

허 허 허, 여자애가 장난스럽게 웃었다

'왜, 아름답고 가난한 여자애들이 있는 걸까'

*

야아옹 야아아옹……

자수정

내가 누군가의 딸이었을 때
나에게는 늙은 어머니가 없었다
꽃 장식이 달린 챙이 긴 모자도
브로치도 레이스 양산도
지켜지지 못할 약속도 없었다
나는 나의 작은 다락에서
죽은 여자의 노트를 가졌다
노트에 적힌 글귀를 떠올리며
램프를 들고 텅 빈 복도를 지나
한밤중의 거실을 서성거렸다
내가 젊은 인부들로 가득한 목화밭이었을 때
나에게는 창문이 없었다
그 어떤 세계도 동경하지 않았고
나와 만나기를 두려워했다
어두웠고 정조가 없었다
내가 추위에 갈라지는 창틀이었을 때
창밖에는 젊은 인부들의 목소리도
나무도 새들의 지저귐도 없었고

대낮도 갈증도 없었다
죽은 남자들의 시체가
작은 다락에서 조용히 썩어갈 뿐
내가 마지막 장을 덮는 노트의 주인이었을 때
나는 내가 만든 세계 속에서 피를 흘렸고
그것은 팥빛이었다.

부식철판(腐蝕凸版)

"나는 프랑스에서 왔습니다
프랑스 안에서 왔어요
닭장에 거미들이 진을 치고 있는 것처럼
프랑스의 말과 풍습을 모르는 것은 상관없겠지요
프랑스의 춤과 노래가 무슨 상관입니까
무덤가의 나귀가 놋쇠 방울을 짤랑거리듯
나는 프랑스 사람으로부터 왔습니다"

해변을 따라 길게 늘어선 낡은 보트들
흙먼지를 날리며 술통을 가득 싣고 달리던 작은 트럭들 경적 소리
호스를 들고 방갈로의 묵은 때를 벗겨내던 소녀들과 담장 아래 노란 물감통을 들고 서 있던 검게 탄 얼굴의 소년들……

당신은 언제나 당신 자신에 대해 아는 척했다
당신의 믿음이 당신을 배신할 수 있고
그것을 알고 있었지만, 당신은 그것을 뛰어넘으려

고 했다

쏟아지는 팔월의 태양 아래
당신의 모습을 바라보는 당신의 그림자
당신의 젖을 빠는 유령처럼, 젖 속에 파묻힌 젖꼭지처럼
누군가, 당신이, 당신을 무능한 사람으로 보이게 했다

왜일까

지붕 위에서 큰 소리로 웃으며 나무판자를 덧대던 남자들
이마의 땀을 훔치며 식사를 준비하던 불 앞의 여자들과
다정하게 인사를 건네던 낯익은 얼굴들
오늘은 정말로 굉장했어 땀을 얼마나 흘린 거지 다들 파김치가 되었군 그래!

즐겁게 소리치며 바다로 뛰어들던 남자들
구경하던 소녀들과 미소짓던 금발의 여자들……

그 옛날의 당신은
난생처음 보는 해변을 지나고 있었고
커다란 물고기가 모래사장에 올라와
펄떡이는 것을 보았지
프랑스에서였다
당신은 모래밭으로 달려가
죽어가는 물고기를 바다에 던져 넣었고
당신은 꿈에서 깨어났지
한국에서였다

솜브레로의 잠벌레

나는 다 떨어진 슬리퍼를 신고 빗속을 달려
구정물을 튀기며 도시 끝까지 걷기도 하지
훔친 비누를 들고 골목에서 머리를 감는 친구들
밤이 되면 커다란 나무 궤짝에서 술에 취해 잠들고
아침이면 지난밤에 함께 잤던 여자애를 찾느라
골목을 이리저리 뛰어다니기도 하지
누구는 구두를 닦으러 나가고
누구는 골목 모퉁이에서 깡통을 신나게 두드려 동전을 벌기도 하고
이도 저도 아닌 친구들은 대놓고 구걸을 해,

내 말 알아듣죠?
생각할 수 있죠?
우리는 1페소가 필요해요!

당신들은 정색을 하지
이봐, 지금 내게 말하는 거야?!
명심해, 이번이 마지막이야

내가 널 언제까지 참아줄 것 같아,
네 부모도 그렇게는 못 해!
우리가 잘 곳도 없고 떠돌고 굶주렸다고
당신들은 정색을 하지
하지만 나는 당신들이 알고 있는 파올라도
호세도, 로베르토도 아니야
차라리 나를 옛날에 살던 집, 지하 방 애라고 불러줘
처음엔 누구나 순진하고 물정을 몰라
거리를 헤매다 비슷한 처지의 친구들을 만나고
마리화나를 얻어 피우고 술에 취해 몰려다니다 보면
물건을 훔칠 수도 있고 하수구 옆에서 잠들 수도 있어
누구나 그래!
아니 누구나 그렇진 않겠다
우리는 배우지 못했어
올바르게 주장하는 법을 아무도 가르쳐주지 않았고
덩치가 커지기 시작했지
밤거리의 불빛을 따라 걷다 보면

교도소에서 나온 형제들 먼 친척들
이웃들과 마주칠 때가 있지만
우리는 큰 모자를 눌러쓰고 서로를 완전히 외면해
누군가 먼저 말을 걸어오기라도 하면,
이 호모 새끼가 지금 무슨 소릴 하는 거야!
네 엄마가 널 낳았을 때 아버지가 셋이었다며?!
우리는 서로를 완전히 외면하지
내 이름을 함부로 부르지 말아줘
나는 강도도 아니고
소매치기도, 살인자도 절대 아니야
나는 친구들과 이 골목 저 골목 몰려다니며
늘어지게 한숨 잘 만한 곳을 찾았을 뿐
누군가는 우체국에 다니고
누군가는 은행에 근무하고
또 누군가는 피자를 배달하는 것처럼
거리를 헤매는 게 내 직업이야
만일 누군가가 내 이름을 함부로 부르면
그가 부자든 가난뱅이든 피를 흘릴 때까지 물고 늘

어지지

자긍심을 가지고 있어?

형편없는 꼬마들을 많이 다뤄봤어?

한 시간 뒤엔 네 엄마도 먹을 거야!

우리는 끝까지 물고 늘어지지

하지만 나는 당신들이 생각하는 산체스도

프랑코도, 페르난도도 절대 아니야

차라리 나를 큰 모자의 잠벌레라고 불러줘

그러니까 내가, 뭔가, 크게

세상을 잘못 살고 있다고 생각해?

빈털터리 게으름뱅이에 부모 형제도 모르는 천덕꾸러기라고

당신들은 손가락질을 하지

이것 봐, 나는 한 번도 내가 틀렸다고 생각한 적이 없어

당신들은 반성을 좋아하지?

당신들의 무릎이 예배당의 마룻바닥을 쿵 소리 나게 찧고

당신들의 두 귀는 당신들이 흐느끼는 소리를 좋아하지
늙은 여자의 품에 안겨 위로받는 걸 좋아하고
마누라와 아이들의 뽀뽀 세례를 좋아하지
자동차와 연금과 정원이 딸린 주택에 살며
당신들은 거들먹거리길 좋아해
당신들은 그걸 좋아하지
하지만 나는 이름이 없어
나는 매일 아침 아무 데서나 태어나니까
우리가 잘 곳도 없고 떠돌고 굶주렸다고
당신들은 아무렇지도 않게 권총을 뽑아 들지
이봐, 카를로스, 네 불쌍한 아비처럼 거리에서 죽고 싶진 않겠지?
똑바로 살지 않으면 평생 후회하게 될 거다!
미안하지만 나는 누군가의 아들도
이웃도, 누군가의 카를로스도 절대 아니야
내 이름을 함부로 부르지 말아줘
당신들의 손가락은 방아쇠에 걸려 있고

총구는 내가 애지중지하는 큰 모자를 향하고 있어
나는 모자를 벗어들고 거리에 몰려든 사람들이
모두 다 들을 수 있도록 소리치지
자, 쏘고 싶으면 얼마든지 쏴봐!
지금 당장 나를 쏘지 않으면,
당신들에게 똑바로 걸어가서 내가 필요한 것들을
전부 다 얻을 거야
이봐, 어서 결정하라고
언제까지 내가 당신들을 기다려야 해
언제까지 당신들이 쩔쩔매는 모습을 참아줘야 하지?
당신들의 잘난 부모도 그렇게는 못 해!

나는 다 떨어진 슬리퍼를 신고 빗속을 달렸어
허기를 잊기 위해 도시 끝까지 걷기도 했지
훔친 비누를 들고 아무 데서나 머리를 감는 친구들
밤이 되면 커다란 나무 궤짝에서 죽은 듯이 잠들고
아침이면 도망친 계집애를 찾느라
이 골목 저 골목을 뛰어다니기도 했지

누구는 도로에서 자다가 차에 치어 죽고
누구는 경찰에게 쫓기다 총에 맞아 죽고
누명을 쓴 채 줄줄이 소년원으로 끌려가기 전까지
우리는 잘 곳도 없고 떠돌고 굶주린 열세 살,

내 말 알아듣죠?
생각할 수 있죠?

우리는 1페소가 필요했어

가려워진 등짝

오월, 아름답고 좋은 날이다
작년 이맘때는 실연(失戀)을 했는데
비 내리는 우체국 계단에서
사랑스런 내 강아지 짜부가
위로해주었지
'괜찮아 울지 마 죽을 정도는 아니잖아'
짜부는 넘어지지 않고
계단을 잘도 뛰어 내려갔지
나는 골치가 아프고
다리에 힘이 풀려서,
'짜부야 짜부야
너무 멀리 가지 말라고
엄마가 그랬을 텐데!'
소리치기도 귀찮아서
하늘이 절로 무너져 내렸으면
하고 바랐지
작년 이맘때에는
짜부도 나도

기진맥진한 얼굴로
시골집에 불쑥 찾아가
삶은 옥수수를 먹기도 했지
채마밭에 앉아
병색이 짙은 아빠의 얼굴을 쓰다듬으며
'괜찮아 걱정하지 마 아직은 안 죽어'
배시시 웃다가
검은 옥수수 알갱이를
발등에 흘렸었는데
어느덧 오월,
아름답고 좋은 날이 또다시 와서
지나간 날들이 우습고
간지러워서
백내장에 걸린 늙은 짜부를 들쳐 업고
짜부가 짜부가
부드러운 앞발로
살 살 살 등짝이나 긁어주었으면
하고 바랐지.

티셔츠 속의 젖을 쓰다듬다가

사랑……

나뭇가지에 매달린 낙하산병처럼
이 이상한 단어를 발음하고 나면
입술은 마르고 귀는 먹먹하고
시계는 언제나 다섯 시에 죽어 있는 것이다
사랑…… 그만 센티해져서
다섯 시에 죽은 시계를 확인하고
우리는 초저녁부터 단골 술집에 모여
뜨거운 술과 함께 간장과 식초를 뿌린 연두부를 떠먹으며
취기 오른 얼굴이 점점 흙빛으로 변해갈 때면
어느덧 새벽, 사랑했던 사람들의 얼굴이 하나둘씩 지워지고……

주위엔 뭐가 있나, 공원을 어슬렁거리는 저 털 빠진 개는 닥치는 대로 먹어왔지
포도 껍질, 연탄재, 새의 깃털, 고무장갑, 비누 거

품, 제비집, 부채의 검은 솔, 접시, 타이어…… 이른 시각부터 팔각정에 앉아 게걸스레 팥죽을 떠먹는 늙은이처럼.

　들판의 억센 풀과 장교들의 늠름한 모습
　군복무를 마치고 돌아오던 형들의 환한 표정과
　새로 산 원피스를 차려입고 마중 나가던 누나들,
　등 뒤로 감춰진 떨리는 손엔 작은 선물 꾸러미들
　(시계, 담배 케이스, 목걸이, 금도금한 술통──용이
그려진 것)
　이도 닦지 않은 아침에 어묵을 먹으며
　기차역을 바라보던 어린 시절의 기억들……

　우리는 지금 공원 벤치에 쪼그리고 앉아, 마지막 담배를 태우고 있는데
　이런 옛 기억들이 갑자기 떠오르면 사람으로서 어떻게 해야 하는 걸까
　앞날에 대한 경각, 그러기엔 조금 늙어버렸다

그러면 주위엔 뭐가 있나, 운동복 차림의 두 형제가 배드민턴을 치고 있다
  동생은 형을 향해 마음껏 라켓을 휘두르는 자유를 느끼고
  동시에 형의 공을 받아내야 하는 구속도 조금 느끼며……
  털 빠진 개는 여전히 시큰둥한 표정
  저 개를 한번 불러보자, 두 눈을 부릅뜨고
  아랫배에 단단히 힘을 준 채
  단호한 목소리로 개를 한번 불러보자고
  가슴이 시키는 소리를 곱씹으며, 정말로 큰일을 해내는 사람처럼
  이리 와, 이리 와봐……

  달아나는 늙은 개를 멍하니 바라보는 새벽
  세월은 순식간에 지나가버리는데, 이럴 때 사람으로서 어떻게 해야 하는 걸까
  노인네가 되면 말이 많아지겠지, 머리칼은 빠지고

허리는 굽고 성미는 점점 괴팍해져서, 시고 질긴 늙은 귤처럼, 지금 당장 그 말을 하라고, 어서 입 밖으로 내뱉으라고, 왜 그 말을 참고만 있느냐고……

  먼 산의 진달래는 짓궂게도 잔뜩 피어서
  마지막 날에는, 가슴 아픈 꿈을 꾸겠지

잼버리

아름다운 배를 타고 싶어……
팔월의 태양이 눈부시게 빛날 때
구덩이와 진창과
들쥐와 가시덤불이 우리의 친구라니……
머리 위로 황조롱이 떼가 원을 그리며 날고 있어
내 가엾은 동기는 상처를 입었지, 머리와 어깨에
누군가는 누명을 쓴 채 도둑으로 몰렸고
누군가는 새벽에 산책을 나섰다는 이유로 '빠따'를 맞았으며
누군가는 야간 탐사에서 낙오되어
밤새도록 길을 잃었지, 어둠 속에서
수리부엉이가 구슬피 울며 날아갈 때
상처와 누명과
기합과 조난이 우리의 친구라니……
계속되는 구령 소리와 함께
구름처럼 흙먼지가 일고 있어
야영이 끝나갈 때쯤이면 얼굴은 검게 타고
근육과 뼈는 몰라보게 단단해져서

"이 녀석, 진짜 남학생이 되었어!"
금빛 배지를 받고
역겨운 비밀의 목격자가 되겠지

카덴차에 이은 긴 트릴

 다 이루었노라, 최후의 누군가는 말하였다 언덕 위에서, 십자가에서, 벌거벗은 채 죽어가며. 모든 것을 이루었다는 말은 무슨 뜻일까, 술에 취한 몇몇 사내들은 탄식에 가까운 소리를 질렀다 '진정을 모두 바쳤으나 남은 것은 국물도 없도다……' 코앞에 닥친 내일의 부활이 끔찍하게 느껴지는 것이었다

 "이보게들, 사람이 거대한 볼테르식 안락의자 같은 것을 만들 땐 다 그만한 이유가 있는 법이라네, 우리가 그 위에 죽은 듯이 나자빠져서 벌받은 자매들처럼 밤새도록 끌어안고 울 수도 있겠지……" 그런데 나는 누구에게 말하는 거지?

 그들은 점점 더 취해갔다 그러다 문득 분별심이 생기곤 했는데, 그럴 때면 불행에 관한 토마스 만의 말을 인용하기도 했고, 자살한 예술가들 특히 ―에 대해서는 마치 그의 죽음을 곁에서 지키기라도 한 사람들처럼 저마다 한껏 목소리를 높였으며, 결국은 자신

들의 격앙된 감정을 억누르지 못한 채 술잔을 내던지기도 하였다

"보라! 나는 한 번도 신에게 빚을 진적이 없고, 단 한 번도 그의 발아래 무릎 꿇은 적 없으니…… 불행이여, 차라리 내 살을 물어다오!"

소란 속에서, 누군가는 졸았다 **역겹게도** 짧은 꿈속에서 아내의 목소리를 듣고는 거기에 답하기까지 하였다 "여보…… 여보…… 이제 우리는 돌아갈 곳이 없소, 나는 우리의 집이 불타는 것을 보았고, 나는 그것에 동의했소, 우리가 한 줌의 재가 되는 데 동의했고, 잿빛 새벽에, 우리가 흩어지는 데 동의했소, 여보…… 나는 이자들을 모르오! 모르는 자들이오, 우리는 다만 돌아갈 곳을 잃었을 뿐……" 그런데 나는 누구에게 변명하는 거지?

그들은 자리에서 벌떡 일어났다가는 갑자기 할 말

을 잊은 사람처럼 슬며시 주저앉기도 하였고, 어색함을 감추기 위해 늘어지게 하품을 하는가 하면, 동료의 코트 깃에 불만을 품은 사람처럼 그것을 한참동안 노려보기도 하였다. 술에 취한 동료가 영문을 모르겠다는 표정으로 돌아보면, 어깨를 무겁게 추썩이고는 기갈 든 사람처럼 술잔을 비우는 것이었다. 그들은 또 새 술을 주문하는 누군가의 우렁찬 목소리가 들릴 때마다 무겁게 내려앉은 눈꺼풀을 들어 올리며 겁먹은 표정으로 주위를 돌아보곤 했는데, 마치 자신을 꾸짖는 아내의 목소리를 듣기라도 한 것처럼…… **위스키 더블, 드라이 마티니 셋!**이었을 뿐인데

"……이보게들, 내가 정녕 결혼을 한 적이 있기는 있단 말인가, 사랑하는 여인을 위해 밤마다 노래를 짓고, 두려움 없이 그녀의 침실로 걸어 들어가 사랑의 정표를 건넨 적이 있단 말인가, 내가 정녕 말일세, 피 끓는 청춘을 모두 바쳐 하나의, 전부의 십자가를 짊어진 적이 있단 말인가!"

불행이여, 차라리 내 살을 물어다오……

 언덕 위에서, 십자가에서 피 흘리는 범죄자들처럼, 술에 취한 몇몇 예술가들은 까마귀들에게 눈알을 내어주듯이, 매일 밤 그리고 또 매일 밤, 목구멍 속에 독주를 흘러 넣으며 얼떨떨해진 영혼의 목소리를 듣고는 하였다 '주여, 나의 유일한 피난처이며 빛이고 구원이신 주여, 부디 나를 어여삐 여기시어……' 그런데 나는 누구에게 알랑방귀를 뀌는 거지?

 지친 영혼이 딸꾹질을 하며 쓰러질 때까지, 그들은 취해갔다.

호두 없는 다람쥐처럼*

어느 누구도 자신의 깊은 마음을 몰라
너 역시 그렇게 읽고 싶어 했지만
단 한순간도 붙잡을 수 없었지
네 등 뒤의 짐승, 짓누르는 밤의 숲, 관찰자들
달아날 수도 멈출 수도 없는 쳇바퀴 속에서
네가 원하는 것을 너는 매일 밤 꿈꾸었지만
네가 원하는 것을 너는 꿈속에서도 가질 수 없었지
일어나, 일어나서 어제처럼 보잘것없는 네 얼굴을 거울에 비춰봐
천성이 게으르고 어두운 너의 악마에게 말을 걸어봐
그저 아무 말이라도
네 헤어컷에 대해
낡은 손지갑에 대해
네가 지금 누워 있는 침대의 우울한 스프링에 대해서 말이야
그래 스프링은 우울하지 그건 언제나 우울했어
네 헤어컷보다
네 텅 빈 지갑보다

네가 지금 피우고 있는 독한 담배의 연기도
  네 가슴을 옥죄지는 못해
  이건 거지 같지, 이건 거지 같은 얘기야
  네 머리칼을 단숨에 쓰레기로 만들어버리는 늙은 미용사들처럼……
  자살이라고? 오, 이런 저능아 사기꾼 계집애 같으니
  아직도 네가 네 자신을 유혹할 수 있다고 생각해?
  아직도 네가 네 자신을 놀라게 할 수 있다고 생각해?
  너는 우리가 아무것도 모르던 시절의 검고 딱딱한 막대 과자처럼
  아직도 너는 우리가 아무것도 모르던 시절에 지하실에 갇혀 울부짖던 못된 왕.

  * Gus Van Sant의 영화 「레스트리스」 중에서

쓴맛을 알게 되기까지

　멋진 남편도 애인도 친구도 되지 못한다는 말은 무슨 뜻일까
　귀머거리에 장님이면 냄새는 잘 맡게 되는 것일까

　— 하지 않으면서, 우리는 소파에 앉아 있다 전등에 매달린 크고 작은 비즈들이 우리의 얼굴에 그림자를 만들었고, 지난밤도 지지난밤도 우리는 기분을 바꿀 수 없었다 나누어 가질 그 어떤 비밀도 없이, 기다리는 포로들처럼 한숨을 주고받았을 뿐
　침묵이 우리의 죽은 손을 움직여 가렵지 않은 얼굴을 긁게 만들 때까지, 정적이 언제까지나 소파에 파묻히고 싶어 하는 우리의 엉덩이를 번쩍 들어 올릴 때까지

　멋진 구름은 들판은 언덕은 어떻게 만들어지는 것일까
　오븐에서 구웠다고 모든 밀가루 반죽이 빵으로 부풀어 오르는 것은 아닐 텐데

*충고나 조언 격려 따위가 필요한 것일까, 전혀
필요하지 않은 것일까*

미끄럼틀이 없다면 빨래판에라도 올라타고 싶은 심정으로

— 하고 난 뒤, 우리는 맥없이 누워 있다, 침대 위의 가죽 더미처럼 이리저리 몸을 뒤척이던 끝에 서로의 축축한 팔꿈치가 맞닿았고, 우리는 그 상태로 잠이 들어야 했다 누구든 먼저 팔꿈치를 거두어 가기라도 한다면, 전처럼 다시 작은 감정의 씨앗이 자랄 것이기에 팔꿈치를 희미하게 붙인 채로 우리는 불편한 잠을 청했고, 꿈속에서, 밤새도록 거미줄에 매달려 있어야 했다

제길, 제길, 잠에서 깨었을 때 우리는 머리끝까지 화가 치밀었고, 떠오르는 모든 생각들이 우리의 기분에 흙탕물을 뿌렸다

"난 항상 당신을 먼저 생각했고, 이해하려고 노력했어! 하지만 당신은 아무것도 하지 않았지, 그러니까 당신은 전혀, 그 어떤 것도!"

그녀의 말이 옳았다 아니 그녀의 말은 전적으로 틀린 것이었다 아니 옳고 틀리고의 문제가 아니었다 우리는 언제부터인가 서로를 돌아볼 수 없게 되었다 기둥처럼, 각자의 얼굴을 떠받치고 있는 쇠기둥처럼 더 큰 싸움이 벌어지기 전에 그녀의 손을 잡아주기라도 해야 했지만, 반사적으로 그녀를 향해 손을 뻗으며 느끼는 나의 감정은 '빌어먹을, 역겨운!'이었다 그러자 갑자기 우리의 희고 멀쩡한 피부 밑으로 피고름이 줄기차게 흘러내렸고, 어느새 나의 두 손이 그녀의 목을 조르고 있었다

멋진 저녁은 새들은 호수는 어떻게 만들어지는 것일까
쓴맛을 알게 되기까지

*아프리카 북 베고니아는 팔백 종에 이르고
그 뿌리와 색을 자랑하는데*

나는 서둘러 외투와 지갑을 챙겼다 집 밖으로 나가기 위해, '이곳'으로부터 벗어나기 위해.

하늘은 어두웠고 비에 젖은 보도블록이 마당의 풀과 흙을 짓누르고 있었다

그리고 목소리들,

'이봐, 그녀를 집 밖으로 끌어내지 않고 뭐하는 거야! 너를 미치게 만든 여자가 거실에서 웃고 있잖아…… 지금 당장 돌아가서 저 지긋지긋한 집구석에 불이라도 싸지르란 말이야…… 무슨 소리야, 불구덩이에 떨어져도 살아남을 여자라고, 지금쯤 아마 툭툭 털고 일어나 감자를 삶고 있을 거다…… 너는 내가 돌아가서 감자 껍데기나 벗기길 원하지? 식탁에 마주 앉아 으깬 감자나 나눠 먹길 바라지?…… 어림

반 푼어치도 없는 소리!!'

나는 차에 올라 있는 힘껏 가속페달을 밟았다

절벽이 없다면 산을 깎아서라도 뛰어내리고 싶은 심정으로

시내에 들어섰을 때, 그녀와 저녁을 먹기 위해 자주 들르던 식당이 보였고
나는 침을 뱉듯이, 반대편으로 핸들을 꺾었다

쓴맛을 알게 되기까지
당신은 특별한 재능을 남몰래 감추고 있는 걸까
바닷가의 강아지는 해초를 주워 먹고
배 속에서 비린내가 끓어오르면
토하고, 떠나지

모터와 사이클

우리는 노래했네
콜레라에 걸린 돼지들처럼
이리 뛰고 저리 뛰며
피와 똥과 내장을
한꺼번에 쏟아낼 각오로

우리는 밤새워 마셨네
토하고 주저앉고 울고 소리치며
불행이 이 도시에 눌러앉았기 때문에
불행이 우리를 계속해서 짓누르기 때문에
우리는 어쩔 수 없다고 생각했네
이 도시의 유령들이 다름 아닌
우리의 할아버지고 할머니고
아버지고 형제들이라는 사실에 대해서도
이곳을 벗어날 수 없다는 두려움이
우리를 지구상에서 가장 못나고 어리석고
형편없는 인간으로 만든다는 사실에 대해서도
우리는 어쩔 수 없다고 생각했네

어쩔 수 없는 많은 밤들이 지나고
우리는 아무런 가책도 없이
중년의 배불뚝이가 되어
분칠한 어린 계집애들의 손이 둥근 배를 찌르면
머리를 긁적이며 웃고 서 있지

'똥마려운가보다'

똥 마려운 시간들이 흐르고 흘러
우리는 어느덧 백발의 소년들
아무런 가책도 없이 관 속에 누워
열두 가지 속마음으로 입장을 표명하려 하지만
머리는 안개 속에 있고 입술은 얼어붙어
(그저 내키는 대로 살아왔을 뿐……) 관 뚜껑에 못
이 박힐 때!
우리는 칠흑 같은 어둠 속에서
놀란 두 눈을 부릅뜬 채

두리번, 두리번거렸지

'두꺼비집을 못 찾나보다'

황소달리기 축제

 칼에 찔린 황소는 울음 대신 콧김을 뿜었습니다 등과 목에는 휘청거리는 작살을 매달고, 두 무릎을 꺾은 채 군중들의 함성 속에서 숨을 골랐지요 부릅뜬 눈으로, 눈알을 이리저리 굴리며 광장에 모인 사람들을 천천히 바라보았습니다

 "……이봐, 왜들 그래, 대체 뭐가 문제야, 내가 도울게, 나를 화나게 한 것에 대해서는 잊어버리자고, 나는 참을 수 있어, 다 괜찮다니까, 이 상황이 더 나빠지기 전에 말해봐, 내게 왜 그랬는지, 왜 내 등에 칼을 꽂아야 했는지, 나와 맞서는 게 너희들의 용기를 어떻게 증명할 수 있는지, 내가 칼에 찔려 쓰러지면 어째서 너희들이 열광할 수밖에 없는지, 나는 지금 화가 가라앉았어, 나는 조금 침울한 상태고, 너희들을 더 이상 들이받을 수도, 짓밟을 수도 없어, 다만 나는 이 광장에 모인 너희들에게 묻고 싶어, 한 사람 한 사람의 얼굴을 마주보며, 그러니 아무도 달아나지 마, 내가 완전히 쓰러질 때까지, 나를 통해서

나와 함께 너희들의 용기를 증명해야지, 겁먹은 표정은 치워버리고 칼과 작살을 들었을 때의 단호한 표정으로, 이봐, 나는 기억하고 있어, 우리가 서로를 향해 소리치며 달리고 쓰러지고 울부짖으며, 광장에서 도로에서 경기장에서 우리가 서로에게 얼마나 각별했는지, 서로를 얼마나 갈망했는지, 우리는 긴 시간 동안 서로에게 상처를 입혔어, 하지만 나는 이제 달리지 않을 거야, 이봐, 더 이상의 달리기는 없어, 아무도 쓰러진 나를 열 번 스무 번 계속해서 찌를 수는 없겠지, 그건 너희들의 용기를 증명하는 행동이 아닐 테니까, 이리 와, 이리 와서 피가 흐르는 광장 바닥에 마주앉아 서로의 용기를 보여주자, 나는 듣고 있어, 그러니 담장에서 내려와, 칼을 든 채로 가까이 와봐, 이제 축제는 끝났어, 달아나지 말고, 숨지도 말고, 서로의 눈을 마주 보며 마지막으로 우리의 용기를 보여주자……"

칼에 찔린 황소는 등과 목에 작살을 매단 채, 거친

숨을 몰아쉬며 가까스로 다시 일어섰지요

와아아아아아아……

광장에 모인 사람들은 환호성을 지르며 달리기 시작했습니다

*

라이프 라이프, 사내가 중얼거리고 있을 때

탁, 소리와 함께 테이블 위에 술잔이 놓였다

털고 일어서는 게 보기 좋으니까요

바텐더가 천천히 술을 따랐다

위스키 더블!

그리고 새 잔이 왔다

소행성을 지나는 늙은 선로공

하늘은 맑고 시원한 바람이 나뭇가지를 흔드는 오후

빛바랜 작업복 차림의 한 늙은 선로공이
보수를 마치고 선로를 따라 걷고 있다

앙상한 그의 어깨 너머로
끝내 만날 수 없는 운명처럼 이어진 은빛 선로

그러나 언제였던가, 아득한 저 멀리로
화살표의 끝처럼 애틋한 키스를 나누던 기억

보수를 마친 한 늙은 선로공이
커다란 공구를 흔들며 선로를 따라 걷고 있다

추모식 날에

 케첩 범벅의 비엔나소시지는 나에게 광장에 나가 초를 밝히라고 명령했다 앞니 사이에 낀 소시지 조각을 빼내려고 열과 성을 다해 츱츱거렸지만 결국 빠지지 않았다 무시하고, 나는 흰 접시 위에서 붉은 피범벅으로 소리치는 소시지를 마저 먹고 잤다

 드레싱이 뿌려진 샐러리 오이 양파 치커리 양상추 갖은 야채와 방울토마토 꿈을 꿨다 그것을 먹어보려고 한참이나 애를 쓰다가 내 인생에는 야채가 주어지지 않나 보다, 그런 생각을 하며 잠에서 깨었을 때

 두 시간을 애먹이고도 먹을 수 없는 야채 정부는, 으로 시작하는 티브이 뉴스가 흘러나왔다

 접시를 닦아야 하는데…… 완벽주의자인 나는 나 자신과 내일 꼭 접시를 닦기로 약속하고 다시 잤다

목책 속의 더미dummy들

 아저씨들은 설교를 하지요, 하나같이, 한번 설교를 시작하면 그칠 줄을 모릅니다, 일단 머릿속에 빨간 불이 들어오고 나면 아저씨들은 곧장 설교 기계가 되어버리니까요, 눈과 코와 입, 얼굴의 근육이 떨리고, 턱관절이 덜 덜 덜 돌아가고, 팔 다리 목 척추 심장 폐 소장 대장 할 것 없이 비상벨이 울리면, 기계의 모든 활성 신호가 뇌의 설교 칩으로 이동을 해서 "네가 아직 뭘 몰라서 그러는가 본데……"라는 터무니없는 말로 시작되기 마련이지요, 몸속에 저장된 수분과 지방 탄수화물 단백질 각종 미네랄이 부글부글 타올라 배속이 역겨운 가스로 가득 찰 때까지 설교는 꼬리에 꼬리를 물고 계속됩니다, 설교를 듣던 어린것들의 마스카라가 번지고 번져서 "전혀요…… 전혀요……" 검은 눈물을 질 질 질 흘릴 때까지, 설교 기계는 미친 듯이, 정말로 완전히 배터리가 나갈 때까지 설교를 하지요, 자신들이 소모한 에너지가 결코 아깝지 않다는 신호가 백 프로 전달될 때까지.

*

나는 당신들을 어른이라고 여긴 적이 없어, 생긴 것도 그렇고……

세상의 멸망과 노르웨이의 정서

아름다운 문신의 소년이 있었네
어깻죽지에 그려진 칼과 용이
소년을 용기 있게 하고
지켜주고 멋진 말투를 가르쳐주면 좋을 텐데
칼은 소년을 찌르고
성난 용은 소년을 불 쪽으로 데려갔네
피냄새를 따라가면
소년은 쓰러진 채 의식을 잃어가고
우연히 소년과 마주친 한 소녀,
소녀는 반한다
이런 것은 설명이 필요 없고
이런 것은 텅 빈 위장에 떨어지는 따듯한 수프처럼
소녀를 용기 있게 하고 지켜주고
멋진 말투를 가르쳐주는 뱃속으로부터의 가르침이어서
더 이상의 말이 필요 없는
소녀는 첫눈에 반한다……
라고 쓰면 된다

*

첫사랑―열아홉―절망의 트랙으로부터

소녀는 운세트와 뭉크를 사랑했네
처음 지나는 항구의 푸른 불빛도 사랑했고
그 무엇보다 사랑한 건
항구의 불빛에 비친 소년의 침울한 낯빛
소녀는 소년의 어깨에 기대어 생각했네
이런 게 노르웨이 정서지
이런 게 노르웨이 정서야
우리는 복장도 남달라
노르웨이 정서라서
손을 맞잡고 걸을 때에도
입 맞출 때에도
두 번 세 번 그 짓을 할 때에도
우리의 부모가 죽어

검은 관 위에 지루한 빗방울이 떨어질 때에도!
이런 게 노르웨이 정서다
이런 게 노르웨이 정서지
노르웨이 사람도 모르는 노르웨이 정서가
소녀를 질 질 질 끌고 다녔네

갑자기 뜨거워진 피부처럼
갑자기 차가워진 피부처럼

*

침울한 낯빛의 소년으로부터

거대한 고래 얘기를 해줄까
어느 날 물 위에 올라온 고래는
말로만 듣던 여객선을 처음으로 보게 되었지
수면을 가르는 늠름한 뱃머리와
아름다운 뱃고동 소리에 정신이 팔린 고래는

다가오는 여객선을 피할 수도
달아날 수도 없는 지경이 되었어
어떻게 해야 할까, 어떻게 해야 할까
고민할 새도 없었던 고래는
한껏 입을 벌려 자신의 몸통만 한 여객선을
삼키고 말았지, 순식간에
뜨거운 태양이 배 속에 처박히는 기분이었어
고래는 여객선을 소화시킬 수도
뱉을 수도 없는 신세가 되어
입을 꾹 다문 채 바다 위를 불편하게 떠다녔지
고래는 점점 기분이 나빠지고
몸에서 열이 나기 시작했어
콧구멍으로 시원하게 물줄기를 뿜어 올릴 수도 없었고
투명한 햇빛도 바람도 머리 위의 갈매기들도
고래의 기분을 바꿔줄 수는 없었지
이봐, 친구, 안색이 왜 그 모양이야
쇠작살이라도 삼킨 얼굴을 하고 있군그래

영문을 모르는 친구들은 걱정을 해주었지만
위로가 되지는 못했지, 일주일이 가고
열흘이 가고, 어느덧 한 달째 되던 날
거대한 고래는 점점 졸음이 몰려왔고
바다 밑으로 천천히 가라앉기 시작했어
반쯤 벌어진 고래의 커다란 입속에선
여객선에 타고 있던 승객들의 부패한 시체와
갖가지 물건들이 하나둘,
수면을 향해 해초처럼 떠올랐지
목욕 가운을 걸친 남자도, 슈트도, 머플러도
아기도, 유모차도, 식탁보도, 칠면조도
드레스 차림의 여자도, 옷 가방도, 모자도
긴 머리칼의 소녀와 지팡이를 움켜쥔 노인도……
차례차례 수면 위로 떠오르기 시작했어
고래는 마치 꿈을 꾸는 듯
그것들이 바다 위로 떠오르는 모습을 바라보았지
아름답구나…… 더럽게 아름다운 것들을 집어삼켰어

이 악몽에서 깨어나면,
내가 보았던 모든 것을 친구들에게 들려줘야지
이 악몽에서 깨어나게 되면 말이야
전처럼 다시 바다 속을 즐겁게 헤엄칠 수 있고
누구보다 높이 물줄기를 뿜어 올리며
갈매기들을 놀라게 할 수 있을 거라고
거대한 고래는 그런 생각을 하며
깊은 잠에 빠져들었지……

*

잠들 수 없는 노르웨이 소녀로부터

어느 날 소녀는 잠든 소년의 얼굴을 바라보았네
매일 밤 피투성이가 되어 돌아오는 이 남자
자신의 침대를 차지하고 누워 있는 이 남자
집 안의 가구며 벽지와 커튼, 책장의 책들과
벽에 걸린 그림들은 변함없이 노르웨이 정서를 풍

기고 있었지만
 더 이상 노르웨이가 느껴지지 않는 이 남자
 노르웨이와 상관없이 코를 골고 잠꼬대를 하는 이 남자
 어깻죽지의 칼과 용은 더 이상 아름답지 않았고
 침울한 낯빛은 그저 침울한 낯빛일 뿐
 어떻게 해야 할까, 어떻게 해야 할까
 겁이 난 소녀는 울음을 터뜨리고 말았네
 새로 산 속눈썹이 떨어지도록
 다 자란 젖가슴이 늘어지도록
 화가 난 소녀는 밤새도록 발버둥쳤네

 갑자기 뜨거워진 피부처럼
 갑자기 싸늘해진 피부처럼

*

세상의 멸망을 따르는 소년으로부터

세상의 모든 멸망을 따르리
숲과 언덕이 물에 잠길 때까지
나는 모든 거짓에 찬성하리
온 도시가 불탈 때까지
잿더미 위에서
나는 모든 고독을 만끽하리
주름이 입가를 수놓을 때까지

소년은 잠이 덜 깬 얼굴로
발광하는 소녀를 바라보았네
'사랑은 환각이고,
우리는 나쁜 환각을 보았을 뿐……'
소년은 늘어지게 하품을 하며
'누가 누구를 사랑할 수 있단 말인가,
나는 누구에게도 사랑받고 싶지 않아……'
세상의 멸망을 따르기에는 이른 시간이었지만
소년은 모든 고독을 만끽하기 위해

울부짖는 소녀를 뒤로한 채
노르웨이 정서가 물씬 풍기는 이불 속으로
기어 들어갔네

*

미움이 우리의 마음을 잿더미로 만들 때까지
자애로운 목소리가 우리의 마음을 질식시킬 때까지

천사의 집—멧돼지 사냥

엽총을 든 사냥꾼들이 사냥개들을 데리고 산길을 오른다

모두의 조화를 위해 수잔을 죽여야겠어
이드란이 말했다
총을 사려면 스테레오를 팔아야 하잖아
벤자민이 말했다
이런 제길, 담배 살 돈은 있는 거야?!
프레디가 말했다
칼이나 밧줄을 쓰면 돼
해리가 말했다

땅 냄새를 맡으며 앞다투어 몰려가는 사냥개들
사냥꾼들의 발걸음이 빨라진다

단번에, 숨통을 끊어야 돼
사이먼이 말했다
덩치 큰 수잔이 발광하지 않도록!

피터가 소리쳤다
포악한 수잔이 달려들지 않도록!
피터의 동생 토미가 소리쳤다
이봐, 목소리 좀 낮춰!
패트릭이 소리쳤다

땅 냄새를 맡고 가던 사냥개들이 우뚝 멈춰선다
마을을 쑥대밭으로 만든 멧돼지를 풀숲 뒤에서 발견한 사냥꾼들

눈치 빠른 수잔이 알게 되면 우린 그날로 끝장이라고
커트가 말했다
다시는, 다시는 지하 창고에 갇히고 싶지 않아!
지미가 소리쳤다
소리 좀 낮추라니까!
패트릭이 소리쳤다

탕 탕 탕 풀숲을 향해 일제히 방아쇠를 당기는 사냥꾼들
총에 맞은 멧돼지가 사납게 포효하며 달아난다

역시, 단번에 숨통을 끊는 건 무리겠지?
재커리가 말했다
귀찮은 일이 생길 수도 있어
그렉이 말했다
스프링클러처럼 온 사방에 피를 뿌려대겠지
노먼이 말했다
똥을 퍼지를 수도 있을 테고
피케이가 말했다
오 마이 갓!
앤드류가 자리에서 벌떡 일어섰다

미친 듯이 짖어대며 멧돼지를 뒤쫓는 사냥개들
한참을 달아나던 멧돼지가 도랑에 처박혀 피를 쏟는다

그나저나 수잔이 죽은 걸 보면 원장이 가만있지 않
을 텐데
베리너가 말했다
무슨 소리야, 화장실에 앉아 콧노래를 부를걸
아서가 말했다
장례식이 끝나기도 전에 새 원장 사모가 들어오겠지
라쉬드가 말했다
줄줄이 애새끼들도 딸려 있을 테고
터커가 말했다

**사냥꾼들이 핏자국을 따라 우왕좌왕 몰려가며 소리
친다**

빌어먹을, 한동안 집구석이 또 시끄럽겠군
대니가 말했다
오늘은 포커나 치자, 응?
패를 돌리며 데이빗이 말했다
수잔은 이미 죽은 목숨이나 다름없어

퍼드가 말했다
자 자, 수잔에 대해선 내일 밤 다시 얘기하기로 하고
패를 보며 빌리가 말했다
일이 잘 풀리겠는데, 좋은 징조야
수잔의 둘째 아들 프랭키가 스트레이트 플러쉬를 들고 말했다

산길을 내려오는 흡족한 표정의 사냥꾼들
수레가 덜컹거릴 때마다 천천히 눈을 떴다 감는 멧돼지
놀란 사냥개들이 수레에 달려들어 으르릉 으르릉······으르릉 소리를 낸다.

블루스 하우스

그때 나는 시간을 얼굴로 느낄 수 있었다

왼쪽 뺨에서 소름이 돋으면 일곱 시
오른쪽 뺨에서 소름이 돋으면 열 시

열두 시가 되면 대장이 귀가하는 시간이고
왼쪽 뺨에서 오른쪽 뺨으로 번지는 소름을 느끼며

나는 두 무릎을 꿇고 앉아
대장이 긴 한숨을 내쉴 때마다 지옥으로 떨어지는
기분이었는데

밤늦도록 처먹고 마신 술과 안주들,
그의 입에서 삭힌 닭똥 내가 났기 때문이다

대장은 반쯤 풀린 눈으로 거실 벽에 걸려 있는
영정 사진들을 올려다보며 한심하다는 투로 말했다

―하나같이 존경받지 못하는 자들뿐이지……

그러고는 이내 코맹맹이 소리를 냈다

―우리 가문은 끝났어……

저려오는 다리를 두 주먹으로 누르며, 나는 생각했다

'이 불쌍한 가문을 위한 묘사가 우리에겐 없는 걸까'

이마에서부터 조금씩 돋아난 소름이
턱 밑으로 천천히 흘러내리는 새벽,

괘종 괘종 괘종……

당나귀와 아내

저녁에는 젊은 시절부터 줄곧 함께 지내온 늙은 당나귀 한 마리를 때려죽였다네. 이유인 즉슨, 그 망할 녀석이 사사건건 내게 시비를 걸어왔기 때문이지. 내 몸은 아직 청년처럼 힘이 넘쳐 십 리를 더 갈라치면, 녀석은 나를 노인네 취급하며 바닥에 주저앉아 꼼짝도 하지 않았고, 내가 새로운 돈벌이를 생각해내면, 나를 세상 물정 모르는 어린애 취급하며 콧방귀를 뀌지 않았겠나.

나는 말일세, 죽은 녀석의 몸을 보기 좋게 토막 내어 부대 자루에 옮겨 담았다네. 미운 정이 깊어 가슴이 짠하기도 했지만 속은 더할 나위 없이 후련했다네. 그날 밤 나는 술을 진탕 마신 뒤 모처럼 홀가분한 마음으로 잠이 들었고, 꿈에서 친구들과 함께 소풍을 가서 먹고 마시고 떠들며 즐거운 시간을 보냈다네. 그리고 이튿날 잠에서 깨어 죽은 당나귀의 토막이 들어 있는 부대 자루를 보니 조금은 미안한 마음이 들기도 하더군, 죄책감 같은 건 없었고.

나는 그동안 미뤄두었던 밭일을 하고 창고를 정리

하고 젊은 시절 곁눈질로 배웠던 붓글씨도 쓰며 한가로운 시간을 보냈다네. 그리고 잠자리에 들기 전, 나는 왠지 모르게 따듯한 피냄새가 그리워 부대 자루를 이부자리 곁에 두고 잠을 청하지 않았겠나. 그런데 피냄새는 나지 않고 어디선가 잠을 청하기 좋은 방울소리가 조용히 들려왔다네.

그날 밤 꿈속에서 나는 거나하게 취해 친구들과 소풍에서 돌아오는 길이었지. 마을이 가까웠을 즈음, 언덕 위에 웬 당나귀 한 마리가 주인도 없이 홀로 서 있질 않겠나.

그때 곁에 있던 친구가 웃으며 말했네.

"이보게 친구, 자네의 당나귀가 마중을 나왔군그래"

친구의 말을 듣고 자세히 올려다보니 내가 기르던 당나귀가 틀림없었고, 나는 화들짝 놀라지 않을 수 없었네. 죽은 녀석이 그곳에 멀쩡히 서 있으니 말일세.

곁에 있던 또 다른 친구가 거들었다네.

"그래도 자네는 복이 많은 사람일세, 안아주고 싶거든 어서 가서 안아주게나"

나는 꿈속에서 이 모든 게 꿈이라는 사실을 이내 알아차렸지만, 언덕 위로 성큼 달려가 당나귀를 안아주고 싶은 마음이 간절했다네. 오랜 세월, 어디를 가든 무슨 일을 하든 언제나 함께였던 그 녀석에게 처음으로 심한 죄책감을 느꼈던 걸세.

나는 복잡한 심경으로 꿈에서 깨어났고, 마음을 진정시키기 위해 한동안 잠자리에 누워 있어야 했네. 그런데 잠들기 전에 들려왔던 방울 소리가 여전히 들려와 고개를 들어보니, 죽은 당나귀가 글쎄 머리맡에 앉아 서러운 듯 눈물을 떨구고 있는 것이 아닌가. 나는 반가운 마음에 녀석을 불러보려 했으나 입술이 떨어지지 않았다네. 녀석의 등을 쓸어주고 싶었지만 두 팔은 꼼짝도 하지 않았지.

나는 내가 죽었다는 사실을 깨닫기 위해 이승에서의 마지막 꿈에서 깨어나야 했네. 흰 수염의 장의사가 방으로 들어와 내 목에 감긴 밧줄을 풀었네. 방 한편에는 검은 부대 자루가 하나 놓여 있었는데, 그 속엔 당나귀 대신 늙은 아내의 토막난 시체가 담겨 있었다네. 마당에선 마을 사람들의 웅성거리는 소리가 들려왔고, 여전히 나지막한 방울 소리가 어디선가 들려왔는데, 그 소리는 참으로 다정해서 깊은 잠을 청하기에 더없이 좋은 소리였다네.

스무살의 침대*

Etude Op 25 No 11을 두드릴 때의

빠르고 음탕한 손가락들처럼

우리는 서로의 마음을 오갔다

창밖으로 첫눈이 날리던 그 밤

그것은 좀도둑질에 불과했다

* Alexis Dos Santos의 영화 제목.

塵塵塵

아들아 너는 왜 안경을 쓰지 않는 거니
어머니 왜 안경을 써야 해요 나는 내 눈으로 직접 보고 싶어요
아들아 너는 왜 다른 똑똑한 자식들처럼 책을 읽지 않는 거니
어머니 왜 읽어야 해요 나는 내 눈으로 직접 보고 싶어요

내 집의 현관문을 부순 자는 나였고
내가 기르던 늙은 개를 풀어놓은 자도 나였으며
나에게 장문의 편지를 쓴 자도 나였고
나에게 장문의 편지를 돌려보낸 자도 나였다
어둠 속에서 누군가 내 등에 칼을 꽂든지
누군가 내 눈앞에서 내 시체에 침을 뱉든지

지하실에 누워
검은 알을 낳고 잠이 든 암탉처럼……

내가 쓴 시
내가 품고 있는 살과 피
끌어안고 구르는 똥과 정액
조상들 중에 그 누구도 못한 짓을
하고 있는 피,
바보 같은 불순물의 녀석

큰일이군
큰일이야

하룻밤만이라도 당신의 젖가슴에 파묻힐 수 있다면……

오 늙은 개야 털북숭이야
침대 근처엔 얼씬도 말고
어서 굴속으로 들어가 추위를 피하렴

(맙소사, 당신은 나 말고 다른 남자도 사랑했지, 나의

어머니 나의 암퇘지!)

하룻밤만이라도 당신을 독차지할 수 있다면……

오 늙은 개야 닭대가리야, 이 자식아
아직도 뱃속의 그 흉측한 달걀을
이리저리 굴리고 있구나
당장 굴속으로 기어 들어가
검은 알을 곰곰이 돌이켜보렴

(맙소사, 당신은 나 말고 다른 남자도 울게 했지, 나의 어머니 나의 잔소리꾼!)

매일 밤 나는 수많은 늙은 여자들에게 거절당했고
상처 입었으며, 매일 아침 나는 이름도 모르는
늙은 여자들의 품속에서 깨어나곤 했지
털 달린 짐승을 헐렁한 굴속에 처박고……

이 책을 읽어봐,
내가 쓴 책
내 목을 조르는 책
내 목에 줄을 감고
나를 질 질 질 끌고 가는 책
기어이 나를 짓밟고 올라서는 책

큰일이군
큰일이야

지하실에 누워
검은 알을 품고 죽어가는 암탉처럼……

　어머니 당신은 왜 안경을 쓰지 않는 거예요
　아들아 왜 안경을 써야 하니 나는 이미 모든 걸 보았는데
　어머니 당신은 왜 다른 똑똑한 여자들처럼 책을 읽지 않는 거죠

아들아 왜 읽어야 하니 나는 이미 네 책을 세 번이나 읽었는데!

큰일이군
큰일이야

내일을 어떡해야 하나
내일을 어떡하다니
내일을 어떡하면 좋단 말인가, 이것이
처음이 되고 마지막이 되어버린 지옥
내일을 말이야

목마른말로(末路) 1

 받아들일 수 없기 때문에 이곳의 창문은 밤도 낮도 보여주질 않습니다. 받아들여지지 않기 때문에 나의 발자국 소리는 나를 놀라게 하고, 나의 목소리는 나를 괴롭게 하지요.

 죽어가는 늙은이처럼…… 나는 운이 없을 뿐이라고 말하고 싶어집니다. 역시 더럽게 운이 없다고 밖에는 할 말이 없습니다. 창밖으로 보이는 구름과 새들 흐르는 강물과 개와 염소들, 모두 저마다의 운을 가지고 있겠지요. 구름은 구름으로서의, 새는 새로서의, 강물은 강물로서의…… 하지만 만일 그것들이 이 작은 마을을 지나는 순간, 그것들은 더 이상 구름도 새도 강물도 아닌, 그저 더럽게 나쁜 운의 덩어리들.
 더없이 훌륭한 음식과 더없이 훌륭한 잠자리와 보살핌 속에서도 더럽게 나쁜 운은 죽을병을 부르고 사고를 부르며…… 떠나간 남편도 죽은 딸아이도 모두 더럽게 나쁜 운의 덩어리들. 울거나 소리치거나 머리를 쥐어뜯어봐야 천장의 형광등은 머리 위로 떨어지고, 문틈에 낀 손가락은 검게 썩어 들어가는 것이다, 라고 말이지요.

　―엄마, 엄마, 아무도 날 좋아하지 않는 것 같아, 내 생일인데 아무도 오지 않았어, 당장에, 죽어 없어지기라도 했으면!

죽은 딸아이의 목소리가 들려오곤 합니다.

　―당장에, 네가 원하는 것을 해, 너 하나쯤 죽어 없어진들 달라질 게 뭐란 말이냐, 한심한 계집애 같으니, 이 쌀쌀맞은 실패자!

애정…… 불타서 재가 되었겠지요.

결심 끝에 나는 마을에서 가장 높은 건물인 교회의 종탑에 올라가 뛰어내렸습니다. 그러나 나는 죽지 않고 살아났지요. 이마가 깨졌고 어금니 두 대가 부러

졌으며 한쪽 어깨와 다리에 골절상을 입은 채, 나는 죽지 않고 살아서 내 주위로 몰려든 사람들의 놀라고 걱정스러워하는 모습을 바라보았습니다. 투신이라니…… 이 조용한 마을에서, 이 조용하고 아름다운 마을에서…… 나는 더럽게 미안하고 죄스러운 마음이 들어 피범벅이 된 얼굴로 부러진 다리를 질질 끌며 더러워진 정원을 치우기 시작했습니다.

……변화를 기대하기란 어렵겠지요.

나무 위의 종달새는 나와 눈이 마주치자 놀란 듯이 날아가버리고, 손으로 빗어 넘긴 머리칼은 누가 보아도 칭찬할 수 없을 테니까요. 죽어가는 늙은이처럼, 죽어가는 늙은이처럼…… 대체 누가 누구를 견딘단 말입니까, 누가 누구에게 감히 용서라는 말로 화해를 청할 수 있단 말입니까, 타락한 어느 목회자의 일요일 아침과도 같은 이 저녁에…… 십이월이면, 찬비가 쏟아질 테지요.

목마른말로 2

 이보게 친구, 나는 때때로 아내의 어릴 적 사진들을 보며 울곤 했다네. 그러나 이제는 울지 않지. 이제는 그녀가 나의 아내가 아니기 때문에……

 기만(**欺瞞**), 파묻고 떠나온 걸세.

 팔월의 햇빛이 쏟아지는 이국의 거리를 나는 걷고 또 걸었다네. 엉망의 머리칼로, 엉망의 머릿속으로, 몸도 마음도 완전히 녹초가 될 때까지 걷고 있을 때, 길 한복판에 모여 일광욕을 즐기고 있던 홈리스들이 내 앞을 가로막았다네. 그때 나는 그들을 닥치는 대로 증오할 수밖에 없었다, 라는 말이 옳을 것이네. 마치 그들이 한심한 몰골의 동양인을 비웃기 위해 길을 막고 서 있는 것처럼…… 나는 이내 성난 얼굴이 되어 금방이라도 달려들 기세로! 그러나 그들은 순순히 길을 비켜주었네.
 더러운 보스턴 놈들, 더러운 보스턴 놈들……
 나는 마음속으로 용서를 빌었다네. 그들에게서 등

을 돌린 채—우리는 우리에게 주어진 각자의 뜨거운 기분에 대해, 우리는 다만 한 가지만을—마음속으로 나는 용서를 빌었네. 나 자신을 향해, 그 누구에게도 아닌, 바로 나 자신을 향해 말일세.

 이듬해 나는 보스턴을 떠났고, 파리 외곽에 있는 독신자 아파트에 살고 있다네. 너무도 조용하고 아름다운 곳이지. 창밖으로 내려다보이는 숲과 공원에는 개미 새끼 한 마리 보이질 않는다네. 아니, 프랑스인들은 나에게 개미만도 못한 존재들이니까. 말이 통하질 않으니 말일세. 나는 아예 집 밖으로 나가질 않는다네. 마치 파리라는 감옥에 홀로 감금된 이방인처럼.
 이보게, 제발 나를 바보라 욕하진 말게. 그건 바보들을 모욕하는 일이라네. 바보들은 적어도 두려움을 모르니까…… 매일 밤 옆집 여자의 목소리가 벽을 타고 들려오곤 했다네. 불어로, 불어로…… 바보를 더 이상 모욕하지 말아요, 당신은 그럴 자격이 없어, 바보들은 적어도 가족을 팽개치고 달아날 만큼 겁쟁이는 아니니까! 매일 밤 들려오는 그녀의 울부짖는 목소리에 이끌려 나는 밤마다 사전을 펼쳤고, 그녀의 말을 간신히 알아듣게 되었을 때, 나는 이내 괴롭고 비참한 심정이 되었다네. 마치 늙은 광부가 숨겨둔 상자를 열었을 때, 다이아몬드가 한 방울의 찬물이 되듯이……

그날 밤 나는 이상한 꿈을 꿨네. 마을 사람들과 경찰들이 피투성이가 된 옆집 여자와 함께 내 집에 들이닥치는 꿈. 나는 놀란 표정으로 소파에서 일어섰고, 옆집 여자가 다가와 사람들을 향해 소리치기 시작했다네. *불어로, 불어로…… 이자가 나를 테라스에서 떠밀었다! 감히 이자가 나에게 사랑을 속삭였고, 자신의 아기를 원했으며, 더러운 얼굴을 내 코앞에 바싹 들이밀었다! 이 쥐새끼, 불한당, 형편없는 도적놈아, 끔찍하구나, 어쩌면 이렇게도 달아난 내 남편과 똑같은 모습을 하고 나타날 수 있단 말이냐!*
이보게, 이게 대체 무슨 일인가. 나는 꿈속에서 그

녀의 말을 다 알아들었고, 꿈에서 깨어 한동안 잠을 이룰 수 없었다네. 지저분한 얼음이 녹듯이 말이야, 머릿속은 온통 검은 물이고, 가득 차서, 나는 나 자신에게 점령당했다, 라는 말이 옳을 것이네.

 나는 승리했고, 나는 완전히 패했네.

앙각 쇼트

나의 이름은 쌍떡잎의 쌍둥이
나의 사랑은 쌍떡잎의 '애매'이다
두 개의 가느다란 혀로
두 개의 태양 아래서
나는 나의 애매를 혐오함으로써
말하고 부인하기를 반복한다
빛과 어둠, 천국과 지옥을 오가며
나의 말을 부인하는 쌍둥이는
오늘 밤 나의 배 밑에 깔려 있다.

방과 후

텅 빈 교실에 남아
유리창에 침을 뱉어도 되는 걸까
발자국이 어지럽게 널려 있는 복도에 누워
잠이 들어도 되는 걸까
선생님은 어떻게 어른이 되었을까
종이 울리면 미련 없이 집으로 가겠지
학교 집 학교 집을 오가며
저 넓은 운동장을 얼마나 많이 가로질러야 할까

친구들
비슷비슷한 냄새가 나는 친구들
손톱에 때가 낀 친구들
머리를 감지 않아 바람이 불어도 날리지 않는
머리칼의 친구들 손등이 터져서
피가 베어나는 친구들

하지만 그것들은 언제나 하나같이……

칠판 가득 떠오르는 이름들을 적고
주머니칼로 엑스 표를 쳐도 되는 걸까
칼집이 많은 책상에 엎드려
앞으로의 날들을 떠올려도 되는 걸까
저녁이 오면 복도에서 구두 소리가 들릴 텐데
수위는 어떻게 수위가 되었을까
다리가 아파서 주무르고 있었어요, 울먹이면
수위는 나를 정문까지 데려다줄까
구두 소리가 등 뒤에서 멈추면
칼로 심장을 찔러버릴까
수위는 죽어도 되지 않을까

형처럼 소년원에 가고 싶다
춥고 배고픈 오후, 친구들도 선생님도
운동장의 왁자지껄한 소음도 흙먼지도
모두 어딘가로 사라져버리고
칠이 벗겨진 축구 골대 위에
식어가는 둥근 해만, 차갑게 걸려 있었지

신scene과 함께 여기까지 왔다

옆구리를 채울 온기도 없이 서로의 표범이 엇갈린다

마음의 굶주림 속에서, 마음의 넘침 속에서

서로의 실타래 끝에 매달린 쌍둥이처럼, 살인마처럼

나는 산으로 들로 언덕으로 뛰어다니며
양과 염소들을 흩뜨려놓았네
나의 위대한 신이 그렇게 명령했고
나는 그것을 따랐을 뿐
그러나 이튿날이 되자
그 알량한 신도 나도
양털을 덮을 수 없어서 추위에 떨어야 했고
염소젖으로 만든 치즈를 먹지 못해서
뱃가죽이 등에 달라붙을 지경이 되었다네

병들어 풀죽은 작은 짐승처럼

태어나서 살며 꿈꾸고 노래하고 끌어안고 신음하다 늙어 죽는다는 사실이 아름다운가

누이들의 끝없는 다툼 속에서 가난하고 불길한 남자가 되었다

진창에서 태어나 진창으로 사라지는 날까지

무덤 앞을 지날 땐 나뭇가지로 무덤을 들쑤시고
비석에 침을 뱉고 그 위에 올라타

내가 죽었다는 사실을 아무도 모르게
내가 살아 있다는 사실을 아무도 모르게

가정과 생활 밤 동료들 그리고 수많은 장소들로부터
나는 다만 껍데기에 불과했다고……
나는 누군가의 목소리를 빌려 말했다
이마 위에 새똥이 떨어지듯

탁자 위의 유리컵을 잠결에 걷어차듯
어느 날 목소리의 주인이 나를 찾았을 때
가정과 생활 밤 동료들과 수많은 장소들 앞에
그 모습을 드러냈을 때
내가 비로소 그곳에 있다고 확신하였을 때
가정과 생활 밤 동료들 그리고 수많은 장소들로부터의 목소리는
'그가 이곳에서 완전히 사라졌다'였다

나는 누구인가, 나는 사적이지 않다, 라는 사실만이
나에게 스승이고 부모라는 사적인 사실로부터

나는 한때 식품점의 계산원이었고
카센터의 심부름꾼이었으며
접착제를 마시다 쫓겨난 구두 공장의 어린 공원이었다
한 번도, 내 책상이란 걸 가져본 적 없고
(누군가의 책상 위에는 항상 수북한 전표와 기름통

가죽 더미와 한 타래의 멍청해 보이는 구두끈이 놓여 있었지)
　글을 쓰며 살겠다는 생각을 해본 적도 없으며
　다만 그날그날의 일기처럼
　떠오르는 제목 비슷한 것들을 달력에 잡지에 옮겨 적는 일이
　나의 유일한 낙이었을 뿐

　악보대로
　열렬히 드넓은
　자유자재의 밤
　부인용 장난감
　의기양양한 시체
　화원의 겁보들
　말벌식 표기
　볼테르식 안락의자에서
　도둑맞은 남색일지
　답답한 두 마음

차가워진 옛 동급생
......

사람들의 얼굴과 목소리, 말투와 걸음걸이를 관찰할 때마다
머릿속에서 떠올리고 굴려보는 나의 구슬들
이 구슬들로 뭘 할 수 있을까
내가 늙고 병들어 죽어갈 때
이 구슬들이 나에게 어떤 빛과 색을 보여줄까
그런 생각을 하며 마시는
식어빠진 커피 맛을 나는 좋아했다

활기찬 인생도 있겠지, 아이스하키 선수들처럼
뜨거운 입김을 뿜으며
퍽을 향해 돌진하는 집념의 스틱들
아아아아아아······
격정과 분노 속에서 감동의 팀워크를 보여줄 수도 있을 것이다

*우리는 스티브의 부러진 앞이빨을 찾기 위해
두 시간 반 동안 일사불란하게 움직이며
단 한 명의 선수도 경기장을 떠나지 않았습니다*

동상이 싫어서 나는 광장에 가지를 않았다
수채를 보면 누이들의 뱀 구멍이 떠올랐고
뱀이 무서워 작은 공으로 구멍을 틀어막는
스포츠에 대해 생각하기도 했다
구부러진 쇠 작대기를 들고 다니며
단체로 짓밟는 잔디에 대해서도 생각했고
공장에서 처음 만난 여자에게 군밤을 사다 주기 위해
밤거리를 초조하게 헤매는 나 자신에 대해 생각하기도 했으며
보고 싶다
죽이고 싶다
어서 보고 싶다
어서 죽이고 싶다, 중얼거릴 때마다

접시 위의 푸딩이 떨리듯
저려오는 불알에 대해 생각하기도 했다

'바다가 모두 마르면 해가 일찍 뜰 텐데……'

나는 초에 불을 붙이고 기도라는 것도 해보았네
나라는 작은 신을 향해
나라는 거대한 신을 향해
기도하고 파기하고 기도하고 파기하며
나의 유일한 순수가 불탈 지경이네
나의 신은 나의 잿더미를 사랑하지
신이 나를 삼켰듯, 배고파…… 하지만
신은 위대할수록 처참한 맛이 나지
잿더미를 무슨 수로 삼킨단 말인가

서로의 실타래 끝에 매달린 쌍둥이처럼, 살인마처럼

마음의 굶주림 속에서, 마음의 넘침 속에서

살며 꿈꾸고 노래하고 끌어안고 신음하다 늙어 죽는다는 사실이 아름다운가

진창에서 태어나 진창으로 사라지는 날까지

내가 좋아한 건 누이들의 이 가는 소리
내가 사랑한 건 누이들의 이 가는 소리

갈색 글러브

 이봐, 학생! 오늘도 등 뒤에서 듣기 싫은 소리가
들린다
 여왕이나 판다가 되고 싶다 이유 같은 건 없다
 언제나 그렇듯 변명과 핑계로 얼룩질 것이기에

 갈색 갈색 글러브에 기름칠 좀 해야겠는데……

지난 계절학기 때의 일이다
강의가 있는 날이면 우리는 강의실 뒷자리로 몰려가
지구에서 가장 우울한 얼굴로
잡지에서 오려낸 국립공원의 곰 사진을 돌려보거나
땡볕 속에 서 있는 창밖의 나무를 보며
차라리 목을 쳐다오, 중얼거리기 일쑤였고
우리는 또 하릴없이 축구장에 간 것을 후회하며
고개를 떨군 채, 가슴을 절 절 절 저미는
체어 비 쇼의「문어잡이 소년」을 반복해서 부르곤
했다
 관중들의 환호가 터질 때마다

왠지 모를 서글픔이 북받치는 것을 느끼며

갈색 갈색 글러브에 제대로 기름칠 좀 해야겠는데……

국제적인 루저도 있다
시도 때도 없이 동생에게 편지를 쓰고
자살 소동을 벌이고 애꿎은 귀를 잘랐지
나는 지금 네 기분과 달라
나는 지금 네 기분과 달라
흙구덩이에 처박힌 멧돼지처럼
그것은 괴로워 보이고 또 조금은 우습기도 하다
남부의 작은 마을 퀸데르트, 발음을 우물거리며 들여다보는

진열장 속의 갈색 권투 장갑

이봐, 귀를 호주머니에 쑤셔 넣고 다니나! 귀찮은

소리……
　여왕이나 판다가 되고 싶다 이유는 없다
　언제나 그렇듯 오해와 거짓으로 얼룩질 것이기에

모든 진흙과 윤활유가 진실을 끌어당기는군*

젖꼭지를 빨아주면 엄마 생각이 나지

기린의 목과 머리를 가진 나비가 있다면
날지도 못하고 꿀을 빨 수도 없어서 슬프겠다

─지난밤에 누가 죽었지? 아무도……
─지난밤에 누가 살아남았다고? 아무도……

창가에서 커다란 닭대가리가 노려보고 있으면 마당에서 노는 일이 싫어지겠지

바보 같아 바보 같아 소리치며 빗질을 계속한다면
머리에서 피가 날지도 몰라

햇빛 때문에 구름이 타면 우리는 재를 맞겠지

비행기를 타면 달라질까…… 뉴욕에 가면
피스톨을 보면 달라질까…… 밤이 달라졌을까

고름을 재즈를 충동을 사랑하게 됐을까

늑대 품의 오소리는 웃으면서 태어나 웃으면서 죽었지

골방에서 밀떡을 먹는 바보들, 피렌체 서커스 보르도 난쟁이 브리태니커 매독 그리니치 코카인 에게해 피눈물 이비자 원숭이…… 광대들의 발작 속에서,

죽은 친척의 아이들을 떠맡은 늙은이처럼

당신의 두 귀는 당신의 목소리를 사랑하지?
당신의 두 눈은 당신이 바라보는 것들을 사랑하고
당신이 떠먹여주는 음식을 당신의 목구멍은 받아먹지

축제가 열리던 69년,
우리는 초라한 남자의 불알 속에서 오도 가도 못

하는 처량한 신세

   마츠모토 토시오가 수라(修羅)를 찍을 때는 어땠어?

   어느 불쌍한 여자의 품속에서 운명을 탓하고 있었지

   나쁜 게, 처음부터 나빴던 게…… 입을 열지 않으면 아무도 놀라지 않을 텐데

   코딱지만 한 개미들이 거대한 개미 동상을 옮기고 있다고 상상해봐

   자신이 누구인지 모르는 개미들을 위해 동상을 북쪽 굴의 광장으로!

   당신은 여유가 있지…… 지나간 날들을 추억할 수 있을 만큼 늙어버린 걸까, 아님 죽은 사람이야?

   당신의 날들은 아름다웠던 적이 없어

광장의 동상을 바라보며 자신을 사랑하게 되어 있는 운명의 사람들도 있겠지

집 나간 애들은 어디서 뭘 하고 있을까
변두리 극장에 앉아 잔혹한 장면을 보고 또 보며
가족과 화해와 애정으로부터 조금씩 멀어지고 있는 것일까
빈집에 둘러앉아 환각제를 나눠 먹으며
자신으로부터 조금씩 멀어지고 있는 것일까

나비의 몸과 날개를 가진 기린이 있다면
걷지도 못하고 열매를 따 먹을 수도 없어서 슬프겠다

창가에서 커다란 닭 벼슬이 흔들리고 있으면 집에 가는 일이 싫어지겠지

환각에서 깨어 바라보던 저녁 하늘은 상처고 코피고 뜨물통이었는데……

바보 같아 바보 같아 거울을 들여다보며 빗질을 계속한다면 다른 애가 올지도 몰라

이곳에 있으면서 언제나 이곳에 없는 사람처럼
이곳을 그리워하며 이곳을 기억 밖으로 내쫓으려는 사람처럼

책 읽는 수업이 있고 문장을 적는 수업이 있어

안경을 쓰면 안경알이 보이지

* Komizu Kazuo의 영화 「처녀의 창자」 중에서.

가죽과 이빨

 사랑과 헌신을 전면에 내세우고 돌아서는 즉시 파기하며 악의에 차 봉사하고 극기를 비웃으며 재활의지를 꺾고 좀먹게 하고 자신의 진정한 노예로 태어나 모든 형제자매들의 잔혹한 주인으로 군림하며 오로지 타인을 짓밟을 때에만 의지를 불태우고 조용히 단호하게 음탕한 정신을 찬양하며 성심 성의를 다해 술과 약물에 의존하고 열렬히 과거에 집착하고 화해를 원하면 입구를 투쟁을 요구하면 출구를 봉쇄하고 정당화하고 자유가 아니면 죽음을, 외치며 타인의 자유를 강력히 구속하고 체력을 과시하고 난장판을 사랑하며 뒷거래에 주력하고 악착같이 살아남아서 위중한 몸으로 이를 악물고 악착같이 살아남아서 모든 형제자매들에게 끝없이 요구하고 뭉개고 뭉개고 앉아서 자신을 향한 경멸에 찬 시선을 모조리 무시하며 기침으로 끝없는 기침으로 회피하며 입속에 고인 가래가 기도를 막을 때까지 조용히 그리고 단호하게 마지막 숨통이 끊어질 때까지

*

셰퍼드가 사람을 구분하는 데 3초…… 너무 길다

앙상블

골방의 늙은이들은 우물쭈물하지
죽음이 마치 올가미라도 되는 양

한 걸음 한 걸음 내딛으며 울음을 터뜨리는 아가들
인생이 마치 가시밭길이라도 되는 양

알약을 나눠 먹고 밤거리를 배회하는 소녀들
환각이 마치 지도라도 되는 양

편지를 받아든 군인들은 소총을 갈겨대지
이별이 마치 영원이라도 되는 양

술에 취해 뒹굴며 자해하는 노숙자들
육체가 마치 실패의 원인이라도 되는 양

각별하고 깊은 감정은 어디에서 오는 걸까
침묵이 마치 그 해답이라도 되는 양

놀람 속에서 바라보는 시인들
순간이 마치 보석이라도 되는 양

커튼 뒤에서

첫사랑, 그것은 히스테릭한 도형인데

첫사랑, 그것은 회전이 필요한 버젓함인데

그것은, 그것을 아무도 연주하지 못했다

너무 많은 자들이 상처 입었고
너무 많은 자들이 떠나갔으며
너무 많은 자들이 불편한 찬 바닥에서 잤다

첫사랑, 예의범절이라고는 없는 사람들처럼

서로를 너무 빨리 이해하고
서로를 너무 빨리 용서하고
너무 빨리 하모니를 꿈꾸며

뜨거운 돌을 손에 쥔 기분으로
차가운 돌을 손에 쥔 기분으로

우리를 위한 모든 것들을 우리가 망쳤고
우리를 필요로 하는 모든 것들을 우리가 망쳤다

뜨거운 돌을 집어삼키는 심정으로
차가운 돌을 집어삼키는 심정으로

첫사랑,

석탄을 베고 검은 잠에 빠져들 때까지

내일은 프로

침묵하거나 침묵하지 않으면서

 나는 보여주고자 하였지요, 다양한 각도에서의 실패를. 독자들은 보았을까, 내가 보여주고자 한 실패. 보지 못했지…… 나는 결국 실패를 보여주는데 실패하고 말았다! 쓸모없는 독자들이여, 당신들은 어디에 있었는가. 불빛 속에서, 아름답게 흐르는 강물을, 다리 위에서, 보고 있었지. 어둠 속에서, 나는 밤낮으로 출렁거리며, 다리 아래서, 보여주고자 하였는데, 괴로워…… 그러게 말입니다
 실패한 자로서, 실패의 고통을 안겨주는 이 페이지에서, 당신들이 수시로 드나들 이 페이지에서, 페이지가 너덜거리도록 당신들과 만나는 고통 속에서,
 "나는 실패를 보여주고자 하였으나 보기 좋게 실패하고 말았네. 이거 이거, 실패를 보여주기에는 역시 역부족이란 말인가. 괴롭습니다, 괴로워요……"라고 말이지요

*

찬비가 얼굴을 때리는 새벽,

나는 누구에게라도 전화를 걸고 싶었습니다
죽은 할머니에게라도 할아버지에게라도
거리의 부랑자들과 매춘부들에게라도
웃거나 울지 않으면서
침묵하거나 침묵하지 않으면서
술집에서 만난 보이와 건달 녀석에게라도
나는 전화기를 들고 아무 번호나 눌러대기 시작했지요
하지만 모두들 이렇게 말하는 겁니다

누구시죠? 누구십니까?

*

이렇게 '영원'이 되고 말겠지

찬비를 맞으며
삼 일 만에 귀가했을 때
집 안은 어두웠고 여자는 침울한 얼굴로
식탁에 앉아 있었습니다

우리는 약속을 했지요
지난달에도 지지난달에도
우리는 약속에 도달하기 위해
서로를 철사로 꽁꽁 묶었고
우리는 서로에게 석고를 들이부었습니다
그리고 오늘은 석고가 부서져 날리는 새벽

"당신은 내가 좋아하는 살구를 한 번도 사다 준 적이 없지…… 당신은 살구를 한 번도 사 온 적이 없어…… 어째서, 내가 그토록 원하는 살구가 당신의 마음속에 뿌리내리지 못했을까…… 당신은 살구 대신 복숭아를 사 오곤 했지, 나는 복숭아 알러지가 있는데…… 언제나 당신뿐이라고, 언제나 당신이 우선이라고 말하는 당신의 마음속에…… 어째서, 나의 간절한 살구가 열매 맺지 못했을까……"

여자는 울음을 터뜨렸지요

"나쁜 새끼 같으니라고!"

나쁜 새끼는 나뿐인 새끼, 나밖에 모르는 새끼, 라던 누군가의 말이 떠올랐습니다

"살구 때문에, 살구 하나 때문에, 라고 말하지 말아…… 살구는 내가 지금까지 당신과 함께해온 이유이고 목적이고 전부였으니까…… 살구 때문에 나는 당신과 함께 지내는 내내 괴로웠고…… 살구 하나 때

문에 당신과 한동안 떨어져 지내야 했으며…… 살구 때문에 떨어져 지내야 했던 한동안이 이렇게 '영원'이 되고 말겠지…… 살구 때문에, 살구 하나 때문에……"

여자는 집을 나가버렸습니다

*

세탁기하곤 말이 안 통하니까

이봐 피츠, 부모님은 무슨 일 하셔?
세탁소
어디에서?
어딘가에서
깨끗한 옷 좋아해?
금세 더러워질 테지
나쁜 짓 많이 했어?

살인 빼놓고
부모님은 뭐라서?
뭘 뭐라셔
하긴 세탁부들은 대개 말이 없지
세탁기하곤 말이 안 통하니까
너도 다를 건 없어
뭐라고?
이봐 피츠! 그러니까 내 말은 소가 쓰러질 때까지 투우는 계속되지 않겠냐는 거야
무슨 소리야, 갑자기
알아, 우린 언젠가 창에 찔린 소처럼 쓰러지고 말겠지
웃기시네
웃기시네라니, 누가 누구한테?!
차라리 머리통을 세탁기에 처넣고 말지
그럼 내가 스팀다리미로 문질러줄게
내 머릴?
네 머릴

빳빳하게?

빳빳하게

현찰처럼?

기념우표처럼

서랍 속에라도 넣어두게?

그래, 금고 깊숙이

와아…… 피츠는 갑자기 혼자가 되어버리겠군!

*

갑자기, 나는 혼자가 되어버렸습니다

  캐리어를 끌고 골목 끝으로 사라져가는 여자의 뒷모습을 보며

  피츠 피츠…… 나는 왜 불현듯 지난가을에 적어두었던 메모가 떠올랐을까요

*

차와 간식이 없는 세상에서

여자는 도시 사람답지 않게 순박하고 정이 많은 사람이었는데요
내가 좁은 방에 틀어박혀 소설을 끄적거리고 있을 때면
여자는 차와 간식이 담긴 쟁반을 건네며 덜떨어진 미소를 짓고는 했었지요
나는 그때마다 다짐을 하지 않았겠습니까
두더지처럼 생긴 여자의 얼굴을 올려다보며
살아 있는 동안 아름답고 근사한 것을 만들자
죽는 순간까지 책상 앞에 쪼그려 앉아
연연하고 고려하자

그러나 이제는 두 번 다시 그녀의 두더지 같은 얼굴을 볼 수 없겠지요

그녀가 건네주던 따뜻한 차와 간식도 더 이상 받아먹을 수 없을 것이고
그녀의 순박한 말투와 웃음소리도 더는 들을 수 없겠지요
아 아름답고 근사한 것은 무엇이며
벽면 가득 붙어 있는 저 메모 쪼가리들은 다 무엇이란 말인가

*

그러나 나는 아무것도 두렵지 않다

이봐 피츠, 이 길 끝에는 뭐가 있어?
이 길 끝에는…… 지금은 아무것도 보이지 않아
전당포도?
전당포도
스낵바도?
스낵바도

잠자리도?

잠자리도

맙소사, 우린 완전히 길을 잃었어

우린 완전히 새로운 길 위에 있지

우린 너무 멀리 와버렸어

하지만 우린 더 멀리 가야 해

우린 곧 쓰러지고 말겠지

창에 찔린 소처럼 말이야?

나는 지금이 너무 무서워

나는 지금 아무것도 무섭지 않아

꿈이었으면 좋겠어

그럼 또다시 피를 흘려야겠지

우린 너무 많은 걸 잃었어

우린 많은 걸 배우게 될 거야

아무도 우릴 뒤쫓지 않아

우리가 전부 해치웠으니까

아무도 우릴 막아서지 않아

우리가 악몽의 주인이니까!

나는 지금이 너무 두려워
나는 지금 아무것도 두렵지 않아
우린 곧 죽고 말겠지
우린 지금 태어나고 있어
나는 태어나고 싶지 않아
아무도 원해서 태어나지 않아
제발 이 모든 게 꿈이었으면
부디 이 모든 게 꿈이 아니기를……

*

피츠 피츠……
희미하게 밝아오는 새벽 거리를
나는 달리기 시작했습니다
비에 젖은 후줄근한 옷차림도 아랑곳하지 않은 채
여자가 집을 나갔다는 사실도 잠시 잊은 채
소설, 소설만을 생각하며 나는 달리기 시작했지요
또다시 실패를 보여주는 데 실패하고 말지라도

누구시죠 누구십니까. 아무도 나의 목소리를 기억하지 못할지라도

마지막으로 한 잔 더, 마시며 소설을 완성하고야 말겠다는 들뜬 마음을 주체할 수 없어서

나는 달리기 시작했습니다 술집을 향해

*

쿵쾅 쿵쾅 쿵쾅 쿵쾅

나는 술집의 나무 계단을 미친 듯이 뛰어 내려갔지요

쿵쾅 쿵쾅 쿵쾅 쿵쾅

그러나 어찌된 영문인지 계단은 끝없이 이어졌고
끝도 없이 이어지는 계단과 전쟁을 치르고 있을 때
어디선가 귀에 익은 목소리가 들려왔습니다

……남자는 잘생긴 코지
좋은 군인은 모두 좋은 코를 가지고 있어
너는 네 엄마를 닮았으니
최악의 코를 가진 불쌍한 녀석이 되겠지
좋은 군인은 나 하나로 족하다!

아버지의 목소리……

나는 계단 아래 보기 좋게 처박히고 말았습니다,
피……
코피가 흘렀지요
나는 손등으로 코피를 닦으며 술집 문을 흔들었습니다
그러나 문은 굳게 잠겨 있었고
머릿속의 구상은 온데간데없이 날아갔고
소설은 여전히 미완성이고, 여자가 떠난 텅 빈 집은
또 얼마나 춥고 불쾌할까

……그래요, 아버지
좋은 군인은 기품이 있죠
군대의 기품은 계급이니까
칼라collar가 더럽게 빳빳하죠

                        *

앞으로의 인생은 둘째 치고

  어린 시절, 아버지는 나를 가끔 나무 위에 매달아 '주셨습니다' 교육이라는 것인데……

  나는 나무 위에 몇 시간씩 매달린 채로 나의 지나온 행적과 앞으로의 인생이라는 것에 대해 생각하고 또 생각해보려 했지만, 까마귀들이 날아와 미친 듯이 울어댔고, 어떤 날은 비가 억수같이 퍼부었으며, 또 어떤 날은 날벌레들이 콧구멍 속을 바쁘게 들락거리

는가 하면, 또 어떤 조용한 날엔 거미들이 얼굴에 흰 줄을 치기도 했지요

 반성이나 앞으로의 인생은 둘째 치고 내가, 여기, 왜 매달려 있어야 하는지에 대해 생각할 겨를도 없이 어떤 비참한 인생이 시작되고 있었던 거지요

*

벙어리는 침묵과 절름발이는 목발과

 나는 술집 계단 아래 거꾸로 처박힌 채
 다짐을 했습니다, 오늘은 무슨 일이 있어도
 에이전시에 연락해서 타이피스트를 부탁해야
 머릿속의 구상과 잠꼬대와 헛소리를 정확하고 빠르게,
 열정적으로 기록할 수 있는 타이피스트!
 기계와도 같은 타이피스트를…… 에이전시, 타이피스트

에이전시라니, 타이피스트라니……

나는 계속해서 흐르는 코피를 닦으며
절뚝거리는 다리로 술집의 나무 계단을 올라섰습니다

내일은 프로
내일은 프로

중얼거리며, 말이지요

|해설|

실패의 성자

황 현 산

　황병승의 새 시집 『육체쇼와 전집』은 하위문화의 거칠고 생생한 시적 에너지로 고급문화의 허망한 이상을 기습했던 첫 시집 『여장남자 시코쿠』(2005), 그리고 생명과 죽음의 비극적 아이러니로 문화라고 이름 붙인 것들의 토대가 얼마나 허약하고 덧없는가를 끈질기게 고발한 두번째 시집 『트랙과 들판의 별』(2007)과 같으면서도 새롭다. 말이 힘차고 내용이 어둡다는 점에서 같고, 서정시가 오랫동안 기피해왔던 주제들이 시어의 독특한 환기력을 타고 심각한 시적 상태를 창출한다는 점에서 같다. 인간의 보편적 불행을 말한다는 점에서는 예나 지금이나 같지만, 더욱 철저해진 어둠과, 빈틈없이 기획된 주제의 틀이, 또는 시인을 내내 사로잡고 있는 주제의식이 예전과는 달리 시집 전체에 일관되고 정리된 모습을 주고 있다는 점에서 새롭고, 시인

자신의 시 쓰기가 줄곧 그 어둠 속에 그 어둠의 거울로 걸려 있다는 점에서, 다시 말해서 시인의 시 쓰기가 대상화된다는 점에서 새롭다. 짙은 어둠 속에서는 하위문화와 고급문화가 더 이상 구별되지 않는다. 화제의 중심은 자주 이동하지만 흔히 말하듯이 변두리가 중심이 되는 것도, 중심이 변두리가 되는 것도 아니고, 중심이라고 믿었던 자리가 차례차례 무너져 끝내 그 모든 자리가 변두리였음이 밝혀질 뿐이다. 다양한 삶의 화자들은 저마다 서로 묻고 서로 대답하지만, 실은 자문하고 자답하지만, 동일한 실패의 운명을, 그것이 마치 인간의 진정한 운명이라도 되는 것처럼, 하나씩 감당하거나 감당하지 못한다.

시집은 어둡다. 어떤 미광도 품지 않은 어둠이, 본문만 171페이지에 이르는 시집에서, 끝까지 그리고 가차 없이 지속된다. 시집을 열면 곧바로 만나게 될 「시인의 말」에는 "이 고독한 밤을 바꿀 수만 있다면"이라는 구절이 두 번 반복되고, 작가의 후기처럼 붙은 마지막 시 「내일은 프로」는 "다양한 각도에서의 실패를" 보여주고자 했으나 그 일에서마저도 실패하는 한 작가의 실패한 삶을 길게 이야기한다. 이 실패하는 작가는 물론 황병승 그 자신이며, 그 실패한 삶의 이야기는 바로 이 시집이다. 이 시집은 실패의 시집이다. 실패는 이 시집의 주제이며 그 미학이다. 실패의 반대말은 말할 것도 없이 성공이지만, "다양한 각도에서의 실패를" 보여주고자 하는 시인에게까지 그런 것은 아니다. 어떤 목표가 있었고 그 목표를 향한 노력이 좌절에 이르렀다는 가정 아래서만 실패는 성공의 반대말이 된다. 실패로부터 태어나서, 실패를 모면하려는 생각조차 없이 실패를 살며, 어디서나 실패 속에 있는 자신을 발견하는, 실패의 밖이 없는 실패에서는 실패와 짝을 이루는 다른 개념을 떠올릴 수 없다. 절대적 실패라는 말이 아마도 필요할 것 같다.

시집의 제목이며, 한 시의 제목이기도 한 "육체쇼와 전집"에 관해 말한다면, 시작도 끝도 없는 이 실패의 기본 틀이 거기 있다. "저는 누구입니까 이 육체와 전집은 누구의 것입니까"—— 시 「육체쇼와 전집」에서 비어 있는 주체가 저 자신에게 묻는 말이다. "육체"가 그 기본 틀의 작동을 위한 장소라면 "전집"은 그 작동법이다. 하나의 힘이 어떤 목적으로 왜 작동해야 하며, 어떤 절차를 거친 뒤에 어떤 전망이 어디로 열릴 것인지를 아마도 그 전집은 알려줄 것이다. 그러나 전집은 없다.

저는 생각이 없어요 전집이 없습니다 누구의 자식인지 모를 골방의 아이들은
뒤죽박죽 서로를 배신하기로 협약을 맺었고
어두워진 창가를 서성이는 검은 육체의 그림자와
누구의 부모인지 모를 백 년 전의 시선이 엇갈리고 있습니다

아이들이 누구의 자식인지 모르는 것은 그들이 버려졌거나 저 자신을 버려진 몸으로 여길 수밖에 없기 때문이며, 골방에 모여 있는 것은 그 결과인대, 생각, 곧 전집이 없는 것은 그 원인인 동시에 그 결과다. 오직 가능한 일은 눈앞에 닥친 일을 처리하는 것이며, 그 처리는 "뒤죽박죽 서로를 배신"하는 육체의 반성 없는 움직임으로 이어진다. 앞뒤 없고 절차 없는 일 처리는 한 매듭이 다른 매듭과 줄곧 배리되니 그 행위자들인 인간들 사이에서도 상호 배신이 당연한 귀결이다. 그것이 "육체쇼"이며 그 본질적 특징은 상호 포기의 다른 이름인 "협약"이다. 쇼는 행위가 아니라 행위의 흉내일 뿐이기에 책임이 없고 책임질 일이 없다. 한 사람의 배신은 그 역시 배신으로 연명하는 다른 사람에게 그 삶의 유일한 터전이 된다. 쇼에는 맥락도 일관성도 없는 탓에 배신하는 자들에게는 낯익은 것도 없고 낯선 것도 없다. 그들은 물리적으로건 심리적으로건 아무것도 축적한 것이 없는 최초의 인간과 같다. 시의 화자는 자신의 육체까지도 처음 보는 것처럼 말한다. 누워 있는 그는 제 발가락을 건너다보며 "말 없는 저들은 누구의 아이들입니까"라고 묻는다. 그가 직면하는 상황은 늘 갑작스러운 상황이기에 늘 새로운 상황이면서도 별로 의미가 없는 상황이며, 이 새롭고도 의미 없는 상황에서 그는 늘 의미가 없는 말을 늘 새로운 말처럼 내뱉는다. "뭐가, 뭐가 잘

못된 것일까요 중얼거리다, 라는 말에 문제가 있습니까" 그는 중얼거리다 묻는다. "뭐가, 뭐가 들이닥친 것일까요 마주치다, 라는 말에 문제가 있습니까" 그는 중얼거리다 시비를 건다. 그는 마침내 "어린 시절의 숲과 야만이 그리워지는 시간입니다"라고 말한다. 재물도 기억도 쌓은 것이 없으니 그는 사실 어린아이와 같으며, 역사적이건 문화적이건 어떤 '전집'도 없으니 그는 숲 속의 야만인과 같다. 다만 "어린 시절의 숲과 야만"에는 미래가 있고, 그에게는 미래가 없다.

시 「추모식 날에」는, 현재라기보다는 차라리 목전의 시간이라고 해야 할 시간밖에 다른 시간이 없는 이 삶의 일상적 정경을 그린다. 화자는 "케첩 범벅의 비엔나소시지"를 먹다가 "광장에 나가 초를" 밝힐 생각을 하지만, "앞니 사이에 낀 소시지 조각"과 드잡이를 하던 끝에 "흰 접시 위에서 붉은 피범벅으로 소리치는 소시지를 마저 먹고" 잔다. 그는 꿈속에서 각종 채소를 먹으려고 애썼지만 실패하고, 잠시 잠이 깨어 꿈인지 현실인지 모를 "티브이 뉴스"를 잠시 흘려들으며, 닦아야 할 접시를 걱정한다. 그러나 "완벽주의자인" 화자는 "내일 꼭 접시를 닦기로" 저 자신과 약속하고 다시 잤다. '추모식 날'은 누구를 추모하는 날이건 마음이 경건해질 것을 요구한다. 화자에게는 추모일이 다른 날과 다르지 않다. 그에게 시간은 균질적이다. 다시 말해서 의미 있는 시간과 없는 시간의 구별이 없다. 어느 정황에서나 자신의 생활 방식을 고수한다는 점에서 그는 안타깝게도 "완벽주의자"다. 그의 실패가 그만큼 완벽하다.

 이 실패라는 말을 추상적 개념으로만 이해하지 않기 위해서는 「솜브레로의 잠벌레」 같은 시를 읽는 것이 좋겠다. 남미의 어느 도시 빈민굴에서, 이름이란 불행한 경우에만 불리는 것이기에 제 이름으로 불리기를 거부하는 한 아이는 "다 떨어진 슬리퍼를 신고 빗속을" 달리고, "허기를 잊기 위해 도시 끝까지 걷기도"하고, "훔친 비누를 들고 아무 데서나 머리를 감는 친구들" 곁에서 "밤이 되면 커다란 나무 궤짝에서 죽은 듯이" 잠들기도 한다. "도로에서 자다가 차에 치여" 죽거나 "경찰에게 쫓기다 총에 맞아" 죽는 것이 대수로운 일은 아니다. 살아남아 "누명을 쓴 채 줄줄이 소년원으로 끌려"가는 "우리는 잘 곳도 없고 떠돌고 굶주린 열세 살"이다. "우리"는 물론 소년과 그의 친구들이지만 다른 사람들도 거기 포함된다. 아무도 길게 기억하지 않는 이 아이들과 함께, 아무리 심오한 철학을 명상해도, 아무리 탁월한 경륜을 펼쳐도, 세계는 여전히 열세 살에 머물러 있기 때문이다. 당신은 열세 살이고 당신은 실패자이며 당신은 죄인이다. 한 편의 콩트라고도 할 수 있을 「당나귀와 아내」를 읽는 것도 좋겠다. 한 남자가 "젊은 시절부터 줄곧 함께 지내온 늙은 당나귀 한 마리를", 사사건건 시비를 걸어온다는 이유로 때려죽였다. 그러나 "따뜻한 피냄새"가 그리워 그 시체를 담은 자루를 옆에 두고 잔다. 어디선가 들려오는 당나귀의 방울 소리를 들으며 잠든 그날 밤의 꿈에 그는 자신이 죽였던 당나귀를 다시 만나 반가워한다. 마지막 꿈에서 깨어난 그는 자신이 아내를 죽이고 목매달아 자살한 자임을 알게 된다. "깊은 잠을 청하기에 더없이 좋은" 다정한 방울 소리를 그는 다시 듣는다. 그는 이렇게 당나귀와, 또는 아내와 화해하였지만, 영원한 잠인 죽음 속에서만 그럴 뿐이다. 죽음 속에서만 당나귀는 아내가 된다. 삶이란 말은 화해할 수 없음이라는 말과 같다. 구성이 지극히 교묘한 「강은아와 은반지」 같은 시를 읽어도 좋겠다. 누군가 은반지를 끼고 학교에 갔고, "너도 나도 은반지를 껴보겠다고 친구들이 난리를" 쳤고, "*강은아가 누구니 강은아가 누구였어 강은아를 너는 본 적이 있니*"라고 말해야 할 정체불명의 강은아가 그 은반지를 끼고 자기 것인 양 허세를 부리다 무시를 받았다. 빈 교실에 혼자 남은 강은아는 가짜 은반지로 은반지의 연극을 하며, 친구와 저의 처지를 바꾸어놓고 (사실은 혼동하며) 친구에게서 받았던 모욕을 되돌려주려 하지만, 가짜 은반지의 가짜 강은아는 그 연극에서마저 실패하고 "목이 쉬도록" 울었다. 시인은 이 산문시에 쓸쓸한 노래를 붙였다. 반지를 사준 '그이'도 없고, 반지를 낀 강은아도 없는 저녁 밥상에서, "가짜 은반지를 끼고/죽은 강은아가 혼자 저녁을" 먹는다. 불행한 인간은 저 자신을 지울 수도 있고 자기가 아닌 다른 누구로 가장할 수도 있지만, 한 인간의 불행한 기억은 모든 인간의 기억 속에서 바꿔지지도 않고 지워지지도 않는다. 단지 망각될 뿐이다.

어느 시를 읽어도 좋을 터이나, 「Cul de Sac」 같은 복잡한 시를 두 번 세 번 읽는 것이 어쩌면 더 나을지 모르겠다. 프랑스어 "Cul de Sac"은 원래 '자루 밑바닥'이란 뜻으로 흔히 '막다른 골목'이나 '출구 없는 장소'를 가리키는 말로 쓰인다. 한 남자가 술이 취해 집으로 돌아가던 중 깊은 진흙 구덩이에 빠져 이틀 밤을 지낸 다음에야 겨우 눈을 떴다. 격렬한 통증에 시달리며 구덩이 속에서 비명을 질러대는 이 남자의 이야기는 시에서 고딕체로 표기된다. 그 이야기 사이사이에 그보다 훨씬 많은 분량으로, 필경 시를 쓰고 있을 또 한 사람의 목소리가 명조체로 표기된다. 그는 한 시인이 당연히 제기할 수 있을 모든 질문에 가능한 끝까지 대답하려고 애쓴다. 윤리에 대해서, 사물의 감수성에 대해서, "굶주린 사자"라도 물리칠 수 있는 "독실한 마음가짐"에 대해서, 이를테면 다음과 같이 자문자답한다.

그러면 선생은 누구의 형제입니까 지금 이곳에서 우리가 느끼는 슬픔과 분노와 공포는 누구의 목소리입니까 새가 날아와 앉으면 나뭇가지는 흔들리지요 작은 소리를 내며 부러지기도 합니다 그러나 새가 떨어지는 것을 본 적이 있습니까 대화를 원한다면 다가가서 대화를 하세요 큰 의미는 없습니

다 시계가 멈추면 우리는 어떻게 합니까. 걸어가서 시계 밥을 줍니다

대화는 이렇듯 시계의 밥을 주는 것처럼 손쉽다는데, 구덩이에 빠진 남자는 "절박과 침체, 파멸과 혼돈으로부터" 뿐만 아니라 "끝없이 이어지는 질문과 대답으로부터"도, "마치 몸속의 또 다른 생명체가 육체 밖으로 빠져나가기 위해 기를 쓰고 있는 것처럼 느껴졌을 뿐"이다. 시인은 "낮 동안에 떠오른 모든 생각들을 메모지에 옮겨" 적기도 하고 술이 취해 그것을 내던지기도 할 때, 구덩이 속의 사나이는 자신의 모든 고통이 "이 세계에 존재하지 않는 것들"이라고, "다락방의 거짓일 뿐이다"라고 믿는다. 그러나 시인은 여전히 "당신은 당신과 음식을 나눈 적이" 있느냐고, "당신은 당신과 잠을 잔 적이" 있느냐고, "당신은 당신이 대문을 두드릴 때 누구와 잠들어" 있었느냐고 묻는다. '당신'은 누구이고 '당신'은 누구일까. 알 수 없는 가운데, 시인은 여전히 새의 슬픔에 관해서, 악마와 영혼에 관해서, 다른 모든 것에 관해서 통찰해보려 하지만,

오로지—불과하다는 결론에 도달하기 위해
오로지—불과하다는 처음에 도달하기 위해

그럴 뿐이다. 기껏해야 "큰 의미도 없이" 용서를 구할 수

있을 뿐인데, 그때 "발밑의 사자가" 당신에게 "자고 가라고" 한다! 그때 '발밑'에서는, "술에 취해 집으로 돌아가던 한 남자가 깊은 진흙 구덩이에서 죽은 채로 발견"된다. '당신'은 "불과하다는 결론에 도달하기 위해" 또는 "불과하다는 처음에 도달하기 위해" 세상의 온갖 질문을 다 떠맡고 자문자답하는 시인이다. '당신'은 빠져나갈 길 없는 진흙 구덩이에서 끝내 죽어가는 사나이다. 당신은 당신이다. 당신이 말과 질문의 함정에서 빠져나오기에 실패할 때, 당신은 "격렬한 통증도 부릅뜬 눈에서 번갯불"도 일지 않은 채 죽어간다. "끝없이 이어지는 질문과 대답으로 가득했던 진흙 구덩이 역시 잠자는 우물처럼 고요하기만" 하다.

사람들의 삶이 실패하기에 시 쓰기는 실패하고, 시 쓰기가 실패하기에 사람들은 세상에서 실패한다. 실패의 시 쓰기는 실패한다. 실패는 실패의 시가 단 한 번도 피할 수 없는 운명이다. 인간들의 실패는 완벽하고 전면적이다. 당신이 바라보는 실패는 당신의 실패이며, 실패를 모면한 당신은 실패 속으로 피신한 당신이다. 오늘 배고프지 않는 당신은 당신의 친구들과 당신의 자식들과 당신을 잡아먹은 당신이며, 오늘 왕이 된 당신은 당신의 애비를 죽이고 당신의 어미와 잠자리를 같이한 당신이다. 당신이 성공이라 부르는 것은 실패로 가린 실패일 뿐이다. 실패의 천라지망을 벗어난 삶은 없다. 중생의 협소한 꾀로 천지의 이성을 말할 수 없듯이, 벌써 불순해진 언어를 절대순수의 언어로 바꿀 수 없듯이, 인간이 실패할 때마다 만들어 가졌던, 실패의 작은 조각들일 뿐인 언어로 저 절대적인 실패를 그릴 수는 없다. 「Cul de Sac」에서 한 구절을 더 인용한다.

저는 악마가 심판대에 오르는 것을 한 번도 본 적이 없습니다 악마는 심판을 받지 않아요 그가 이 지상에 집을 짓고 있다고 생각하십니까 악마는 집을 짓지 않습니다, 이 칠흑 같은 밤에…… 우리가 어떻게 내려갑니까

실패라는 이름을 지닌 불행의 악마는 심판의 대상도 분석의 대상도 아니다. 그것은 지상의 척도를 벗어난다. 실패의 내부에 있는 한 인간이 제 존재의 자리인 실패를 완전하게 말할 수는 없다. 그래서 제가 지닌 수단을, 끝내는 저 자신을 송두리째 바치며, 제가 기획하는 것의 깨진 거울이라도 되기 위해, "이 칠흑 같은 밤"을 기회로 삼아 내려가는 자는 성스럽다. 실패의 시인으로서 황병승은 그 점에서 실패의 성자다.

애통하여 기도하는 자에게는 그 애통함이 힘이듯이, 실패의 작은 거울이 되려는 자에게는 그 실패가 힘이다. 그 힘은 추상적인 것이 아니다. 실패의 시인에게 실패는 그 언어 운용의 구체적인 힘이 된다. 이를테면, 「추모식 날에」의 "앞니 사이에 낀 소시지 조각을 빼내려고 열과 성을 다해 츱츱거렸지만 결국 빠지지 않았다 무시하고, 나는 흰

접시 위에서 〔……〕" 같은 구절에서 "무시하고"는 한 행위의 실패에서 오는 실망감을 다른 실패의 예측으로 연결시키는 날렵한 선회의 표현이다. 한 실패가 매듭을 만들면서 동시에 그 매듭을 지우듯이, 황병승의 말은 줄곧 실패를 새롭게 구성하면서 항상 새롭게 실패한다. 「모든 진흙과 윤활유가 진실을 끌어당기는군」에서 "햇빛 때문에 구름이 타면 우리는 재를 맞겠지" 같은 구절은 도도한 열패감 속에서 지극히 기발한 상상력이 곧바로 지극히 기발한 실패로 전환되는 정황을 간결하고 경쾌하게 포착한다. 그것을 실패의 묘라고 불러야 마땅하다. 「목마른말로 2」는 이런 구절로 시작한다. "이보게 친구, 나는 때때로 아내의 어릴 적 사진들을 보며 울곤 했다네. 그러나 이제는 울지 않지. 이제는 그녀가 나의 아내가 아니기 때문에……" 이 이죽거림에 깊은 서정이 담길 수 있는 것은 냉소와 슬픔이 구별되지 않기 때문이다. 이것은 실패의 아이러니다. 「가죽과 이빨」에서는 야수보다 더 무정하고 악독한 한 인간의 됨됨이를 한 문장으로 길게 묘사하고, 그 아래 별표를 찍고 이렇게 한 줄을 쓴다. "셰퍼드가 사람을 구분하는 데 3초…… 너무 길다" 인간의 악이 그렇게 명백하고, 인간들의 실패가 그렇게 명백하고, 인간들의 불행이 그렇게 명백하다. 황병승의 유식한 구어와 음흉한 암기 같은 문어와 유창한 저주는 그때마다 고통스럽도록 적합하고, 그 리듬은 자주 책장을 덮도록 아름답다. 그가 그려내기에 실패하는 실패가 그렇게 통렬하고 명백하다.

  황병승의 세대에게 인간의 실패는 사실 세계사적이다. 이 세대는 모더니즘의 끝장을 체험하고 신자유주의의 세계에 살고 있다. 모든 인간이 다 함께 인간답게 살 수 있다고 믿었던 인간들은 제 두루마기 아래 감추어진 아홉 개의 꼬리를 보며 망연자실했다. 그때 신자유주의는 말했다. 인간은 실패하지 않는다고, 다만 네가 실패할 뿐이라고. 칠흑 같은 밤은 오랫동안 계속될 것이다. "이 고독한 밤을 바꿀 수만 있다면"이라고 두 번 세 번 말하며 "연필의 검은 심을 모질게" 깎는 인간이 많지 않을 것이라고는 말하지 않겠다.